新世紀の
投手を育てる
PITCHING
METHOD

今任 靖之

序　文

　私、今任（旧姓・友永）靖之は長年にわたり現役選手、指導者として野球の世界に身を置いてまいりました。

　9才で投手として野球を始めて以来、佐賀商業高校での全国高校野球選手権大会出場、東京六大学野球連盟・明治大学、さらに社会人・鷺宮製作所と約19年間の選手生活を送りました。現役を引退後はコーチとして各方面で指導の経験を重ね、16年間の高校野球監督時代には福岡第一高校で昭和63年夏の第70回大会準優勝。現在も各地のチームから依頼を受けて若いプレーヤーに指導を続けています。

　野球を始め、成長した、それぞれの時代に多くの良き指導者の方々に巡り会えたからだと思います。人との出逢い、それなくして今の私はありません。ひたすらそのことに感謝をしています。

　しかし、野球を始めてから、現役・教え子を問わず、夢・希望・能力を持ちながら投手はおろか、野球そのものを断念しなくてはならない選手も数多く目にしました。実は私もそのひとりだったのです。

　今回、出版に至りました「投手実践指導理論書」は私の現役時代の故障という苦い経験があればこそ生まれたといっても過言ではありません。

　現在まで、数え切れない選手を指導しながら、「何故こうなったのか？」「どうしたらこうなるのか？」「どうすれば、このような故障を起こさずにすむのか？」「何故このようにはならないのか？」等々、様々な疑問を抱えました。自問自答を繰り返し、試行錯誤の実践指導を重ね、研究、分析をしてまいりました。

　同時に疑問を投げかける現役選手を持つ指導者の方々とも研修会を重ねてまいりました。そこでは疑問打開に日夜論議を交えました。

　私が結論づけたこの練習方法によって故障を起こした選手はいないと自負しており、指導してきた選手の中からは立派な野球人が、数多く巣立って活躍しています。数多くの選手の指導を通して、私自身も多くの事を学ばせてもらい大きな財産となりました。

　永い年月がかかりました。しかしその疑問がひとつひとつ解明されました。私は今ここに自信を持って「投手実践指導理論」の刊行を決意しました。

　勝負である限り「勝つことを目的とする」のは当然でありますが、その意識が先行するあまりに過度な練習、多過ぎる投球、根拠のない練習法で指導者満足、選手満足の光景をよく目にします。これが故障やケガにつながる原因となるのです。

　現在も私は方々のチームから依頼を受けて指導に出向いていますが、そこでは、私流のメニューを組んで講義を進めます。

　まず、講義の冒頭にいくつかの質問を選手に投げかけます。その質問に、ほとんどの選手は答える事ができません。

　私は彼らに「これだけは知っていた方がもっと野球が楽しくなりますよ。」と前置きをしながら、

①**学生、社会人としてのマナー**
②**野球の歴史**
③**野球用具のサイズ**
④**グラウンドのスケール（サイズ）**
⑤**体の構造、しくみ（ポイント）**
⑥**栄養、食品について**
⑦**メンタル面**

など短い時間にオリジナルの資料を使って説明に入ります。

彼らは最初「そんなこと知らなくても野球はできる」と言いたげな顔をしていました。話が終わったころには、それぞれが"へぇー"と言った顔をしています。それは、意外にも知っていそうで、初めて聴く興味ある話が多かったからだそうです。

彼らの頭にこの知識をインプットしたところで、いよいよ本論『実践指導』に入ります。

私の実践練習の指導は、時にして軽く流されがちな基本練習の大切さを力説し、進行させていきます。

メインテーマとなる理論「**2つの円運動**」と「**3つの三角形**」は基本練習を軸にした無理のないフォームづくりから生まれたものであり、実践練習を通して指導していく柱となるものです。

何事も思うようにいかないときには"基本に戻れ"とよく言いますが、その基本をしっかり理解することにより、指導者が選手を育成する場合のフォームのチェック、修正が出来、選手自身にもそれが可能となるのです。

家で例えれば、基礎とは土台であり、基本とは柱です。土台が崩れれば柱も崩れます。従って、土台づくり（体力づくり）は最も重要な要素です。土台は見えない部分であるように、他人が見ていようが見ていまいが自分で確立させなくてはいけません。より強い土台の上に、よりしっかりした基本が成り立つことを忘れてはいけません。

当然、中学、高校生というのは身体的、精神的成長・発達の顕著な時期でもあり、メンタル面でのフォローも指導者にとって欠かすことのできない大切な役割です。

そして、技術面においては正しい知識をもって、正しい基本練習をすることが試合につながる効果的な方法と言えます。

この「実践指導理論書」を読んで頂くことによって指導者の方々、選手の皆さんが、楽しく野球ができ、今お持ちの疑問が少しでも解けて、上達につながる何らかのお役に立てればと願う次第です。

10-18-99

I very much enjoyed having Mr. Imatoh share his thoughts, techniques and pitching/balance drills with our organization. His drills support many of the main objectives of pitching mechanics; balance, direction, weight-transfer and extension. Much of what Mr. Imatoh teaches can help pitchers of all levels improve the quality of their deliveries and their command.

Bryan Price
Seattle Mariners

Bryan Price
10232 E. Meadow Hill Dr.
Scottsdale, Az., 85260

　　このたびは、今任氏ご本人から投球に対する考え方、技術、及び投球バランスの取り方に関する訓練方法のご教授にあずかり非常に勉強になりました。今任氏の訓練方法は、投球メカニズム完成に必要な、主要な達成目標、すなわちバランス、方向、体重移動、身体の伸展などの訓練に幅広く有効です。また、今任理論の教えの多くは、あらゆるレベルの投手が、その投球の質、熟達度を、より向上させることが出来る、というものです。

1999年10月18日
署名

ブライアン・プライス
シアトルマリナーズ
（コーチ責任者）

THE FOLLOWING IS MY PERSONAL ENDORSEMENT OF YASUYUKI IMATOH AS A QUALIFIED AND EXPERIENCED PITCHING COACH:

Yasuyuki Imatoh, better known as "The Pitch Doctor", is one of the most innovative, if not the most innovative pitching coach, that I have crossed paths with in my 34 years of experience in professional baseball, on either side of the Pacific Ocean. He has a complete understanding of all parts of the pitching motion and a way to explain it that is fascinating to American pitching coaches.

His explanations and drills can finally help us understand the most effective way to throw a baseball.

Jim Colborn
──────────────────────────────
Jim Colborn
Major League pitcher and pitching coach

Date signed:　　September 4, 2000

　適任かつ熟達したピッチングコーチとしての今任靖之氏に対する私の個人的な推薦の言葉を以下に記します。
　今任氏は「ピッチ・ドクター」として有名であり、太平洋を挟んで第1位ではないとしても、少なくとも私のプロ野球生活の34年間の中で出会った最高のピッチングコーチの一人であります。今任氏は投球動作のすべての部分についての完璧な知識を持ち、アメリカのピッチングコーチ陣に感銘を与えるほどの素晴らしい解説の術を心得ているのです。
　今任氏の解説とドリルにより、我々は野球の最も効果的な投球方法を、完全に決定的に理解させていただいた。

2000年9月4日
署名

　　ジム・コルボーン
　　メジャーリーグ　ピッチングコーチ
　　（現ロサンゼルス・ドジャース）

目　次

序文　投手指導論・投手実践論出版に至った経緯……………………………………2

第一章　投手の置かれている立場と指導現場の実状　9
打高投低……………………………………………………………………10
もっと野球を楽しく………………………………………………………10
心技体の統一的上達を目指して…………………………………………11

第二章　指導原理と指導方法の基礎　13
指導理論を理解するための15項目………………………………………14
[特別寄稿]指導原理としての高岡理論…………………………………36
指導言語について…………………………………………………………38

第三章　「2つの円」と「3つの三角形」　41
「2つの円」とは……………………………………………………………42
「2つの円」を見いだすきっかけ…………………………………………46
「下の円」の優越性と「2つの円」軌道の角度…………………………46
「3つの三角形」……………………………………………………………47

第四章　5つの投球動作　51
ボディスイング……………………………………………………………52
ストレッチとスイングアップ……………………………………………57
スライド……………………………………………………………………62
ボディピボット……………………………………………………………65
フォロースルー……………………………………………………………68

第五章　バッテリーが必ず知っておきたい大切な知識　71
ルール………………………………………………………………………72
ボールの握り方・手首の使い方…………………………………………74
投手・捕手が打者を見抜く7つのチェックポイント……………………85
ピッチャーサイド・キャッチャーサイドから見たバッター17タイプの攻め方…86
一般的な打者の攻め方……………………………………………………103

第六章　「竹の棒」から生まれた「イマトニックアーム」　105
肘、肩に負荷をかけない、理想的な投球フォームとは………………106
「竹の棒」を使った練習法………………………………………………106
「マイコン型竹の棒」の開発……………………………………………114

第七章　2つの投球リズム　　　　　　　　　　115

2つの投球リズムとは……………………………………………………………… 116
「2」でなく、なぜ「2～」のリズムなのか ………………………………… 117
「1，2～3」のリズムを身につける練習 …………………………………… 118
3つのスローイングステップ練習方法………………………………………… 118

第八章　甲子園で勝つための投球術　　　　119

投球のテンポ（投球のリズム）………………………………………………… 120
コーナーへの投球 ……………………………………………………………… 121
変化球の投げ方 ………………………………………………………………… 121
配球 ……………………………………………………………………………… 122
タイミングの外し方 …………………………………………………………… 124

第九章　印象に残る甲子園出場投手の指導実例　　　　127

第十章　アメリカ大リーグ（シアトル・マリナーズ）野球レポート　　　　133

著者あとがき　「実践指導理論」完成までにご協力頂いた方々への謝辞………………… 138

第一章

投手の置かれている立場と指導現場の実状

打高投低

「打高投低」という状況が定着して久しい。

高校野球における「打高」となるきっかけは、1974（昭和49）年の金属バットの採用とピッチングマシンの導入である。金属バットに対応した筋力トレーニングの浸透と打ち込み数の増大によって打球の速さや飛距離は飛躍的な変化がみられ、当然、戦略や戦術にも革命的な変化をもたらした。

打撃の向上優先の傾向の中で、投手は球威・コントロールともに兼ね備え、精神力もタフでないと対応できないという「受難」の状況下におかれるようになったのである。

打撃がバットという道具を使い、ピッチングマシンという「機械化」によって生産力をアップしてきたのに対して、投手は相変わらず「手作業」という生産性向上の面では全く不利な立場である。投手数の多いプロ野球では、先発・中継ぎ・抑え、という分業制のシステムによって「打高」に対処している。

このような状況を克服するため、運動生理学や運動力学を基礎にしたバイオメカニクス（運動分析）の進歩、投手のためのストレッチ、ウエートトレーニングなどが導入され、それなりの足跡もみられる。

メンタルトレーニングについて概観すると、スピードスケートの黒岩彰選手が1984（昭和59）年の冬季オリンピック・サラエボ大会での雪辱を1988（昭和63）年カナダのカルガリー大会で果たし、銅メダルを獲得した事を契機に、野球界にも、かなり浸透して様々な方法によって実践されている。しかし、イメージトレーニングはやっているが、それがなかなか実戦につながらないという場合が多い。

野球の投手の場合、打者を迎えピッチングに入る直前や投球動作中にこそセルフコントロールが最も求められている。本論においては、セルフコントロール（意識操作）と投球動作を一体としてとらえての投球論とした。

高校野球では1993（平成4）年、全国大会に出場した投手の肩や肘について疲労度や障害をチェックする制度を採用。1995（平成6）年度には複数投手制の推進で登録選手が1名増の16人になった。2001（平成13）年度秋季大会から今までの飛びすぎる金属バットから飛ばないバットを採用する事を決定している。また、延長戦は今までの18回から15回に縮小することを決定している。

こうした一連の決定には、「打高投低」状況下における投手の過重負担を少しでも解放していこうという姿勢がみられる。

もっと野球を楽しく

アメリカへ特別ピッチングコーチとして行ってみて、野球を楽しむという雰囲気が前にも増して非常に強く感じられた。民族性ということもあろうが、日本のプレーヤーはもっともっと楽しんでいいのではなかろうか。

野球は打つ・投げる・走るという、人間の機能を全て解放してプレーすることが出来るという意味での面白さがある。明るく伸び伸びと野球を楽しむことは野球をやる者の特権であろう。「投げ込み」という言葉をよく耳にするが、どのような目的で「投げ込み」をするのだろうか。「投球練習」ということを考える時、誰が、いつ、どの様な目的で、どんな方法で行うのか、明確にする必要があると思う。

「今日は150球投げ込み！」と指示があって、明確な目的もなく、ただ漫然と投球することはないだろうか？

「ほら、肘が下がった」「ほら、開いた」「そりゃー、ホームランボール」などと、1球投げる

たびに怒鳴って投手を緊張させてはいないだろうか？

どのような意識で身体を使ったら「開かないようにしてアウトロー」に投球できるようになるのかという具体的なアドバイス、練習方法が不足しているような気がする。

漫然とした投球や投げ過ぎは、集中力を欠き、身体のキレを悪くさせ、決して意味のある練習とは言えない。それこそコントロールと球威の敵なのである。

「走り込み」についても同様である。選手は顔を歪めて何の疑問もなく、ただ走る。指導者は選手たちのくたくたになった姿に満足し、エネルギーを使い果たしたという実感で充実した一日が無事？終了する。

この様な練習では、受け身的な「やらされる意識」が強くなるばかりで、スピードに溢れた動きやシャープなプレーが生まれてくるはずがない。

野球を楽しむということはどの様な事か、整理してみよう。

最も端的な表現をすれば野球がうまくなることである。上達していけば面白いから更に向上意欲が出てくる。

そのために問題意識を明確に自覚してそれを克服していこう。もちろん練習が必要であるが、一斉練習では不十分で、個人が主体的に問題解決をするための時間と場所が必要なのである。

心技体のスポーツ精神

スピードはあるがコントロールがない。逆にコントロールはあるが球威がない。ブルペンではいい球を投げるが試合に弱い。又、ここ一番というときに実力を発揮出来ない等、様々な「投球不安定要因」を体力・技術・精神面の３つに分類しながら「３つの要因を統一的に解決」していく具体的な方法を各章で述べていこう。

第二章

指導原理と指導方法の基礎

指導理論を理解するための15項目

現場の実態、現場の投手や指導者が抱えている主な問題点、悩みを15項目取り上げ、それらに対する具体的な指導をどの様に行ったかを述べていく。これをもとに、第三章の「2つの円と3つの三角形」と、第四章以降で述べる指導・実践論を理解するための基礎にしてもらいたい。

(1) 重心なんて知らなくてもピッチングはできる？

私が各地の小学生、中学生、高校、大学、社会人チームの投手の指導にあたる時に、必ず選手に聞くことがある。それは「重心」という言葉である。私の実践理論の根底になっているため、どうしてもこの言葉を省くことはできない。
「重心とはどういうことだろうか」と質問しても、まず選手からは答えが返ってこない。
そこで私は「"重心"と"重力"について、いろいろな辞書で調べて、それをノートに書いて来て下さい」と選手に課題を与えることにしている。
その意味を各自が納得してから実践に入ることにしている。なぜなら、今迄の経験から知識の押し付けでは上達しないのが明白だからだ。
地球の中心から宇宙に向かってセンターラインがあり、人間は重力で地球の上に立っている。簡単に言うと、体重を足の裏で支えている。そして、体の重心の位置、すなわち体の中心（丹田）の位置を自分自身の身体で覚え練習する。人間は重心移動で動き、体の回転運動が始まる（足の前後・左右の重心移動で動く）。

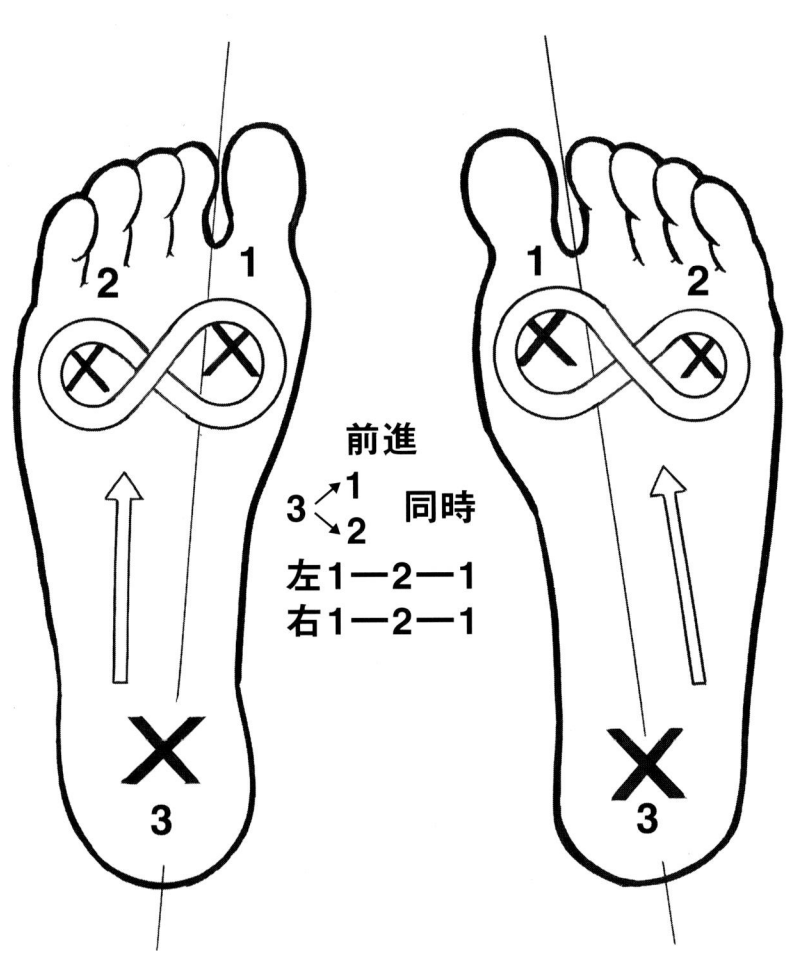

A・F・メビウス （1790～1868）ドイツの天文学者、数学者。一般的には「メビウスの帯」で知られているが、「重心算法」で、重心を活用した重心座標を導入したといわれている。

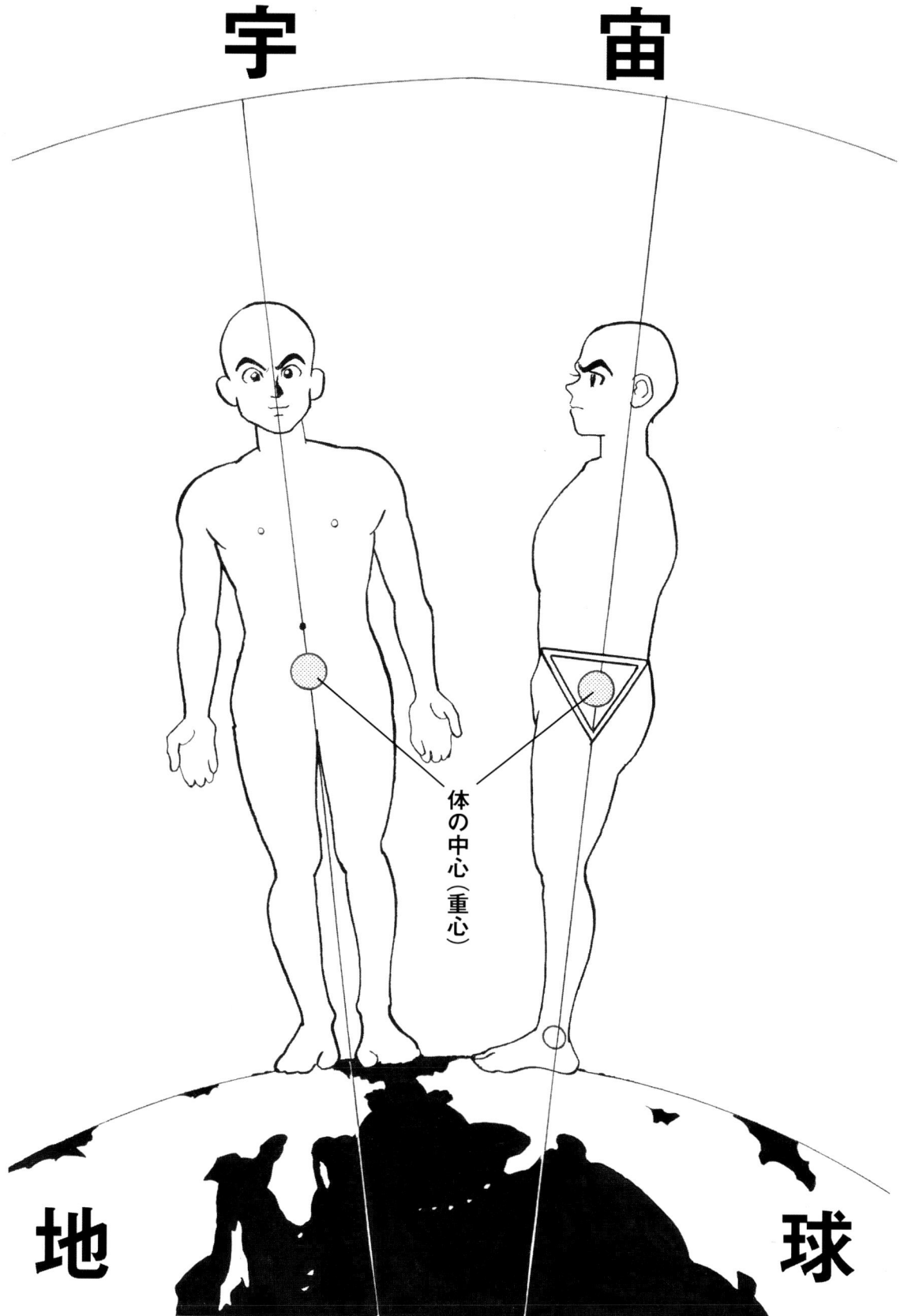

体の中心（重心）

　かかとから始まった重心移動は足裏の親指の下部（拇趾丘）、小指の下部へと移り、この繰り返しが前後左右への体の動きとなる基本だ。それはメビウスの帯（帯を1回ひねって両端を張り合わせて得られる8の字形の図形。表裏がない曲面の例で、どこから線を引いても無限に続く）と同じ理屈である。（図参照）
　自然な動きだけに何でもないように思われるが、この「人間は重心移動から体重移動が始まる」と常に頭に入れておくことが大変重要なのである。

また、グラウンドでは講義の内容を理解してもらう為に基本的な動作を各選手に体験させる。
①**正座をする。そのまま、体がぐらつかないように立ち上がる。**
これは、センターラインを意識して、バランスを整え、体軸、重心の正しい使い方を体で覚えさせる必要からである。

それができるようになったら、仰向けに寝て同じように立ち上がる。この動作の繰返しで、重心の位置を認識させる。

②**30m位の直線を引き、その線上を頭上に本をのせて歩く。**
この動作は足の裏の使い方である。センターラインを決め、重心移動をする。
その場合、膝を上げて、かかとから、つま先に体重を移動しておろす。この時、足の裏全体を使い、頭上に本をのせ、目線を決めて歩く。ファッションモデルになったような気持ちで歩く。
続いて、その要領で線上を軽く走る。(上下にアップダウン、左右にぶれないように注意する)

③**開いた傘を利き手で持ち、横断歩道の信号待ちの状態を連想させて立つ。**
この意味は、何時間たっても、リラックスした状態を保つことができるかどうかである。傘を持って歩く動作は無意識のうちに力が抜けたリラックスした状態を自然に保っている。
次に、そのまま、利き足の片足で立つ。片方の膝を高くあげ、足の裏で、バランスを保つ。この動作は足の裏の使い方を意識して、足の裏の、どの部分で立っているのかを確認する。

④一連の動作は重心を移動するだけであるが、次は野球の応用動作で片足立ちからのバッティング、ピッチングへの動作の基本に進む。

膝を上げた方の足を下ろし、体を回転させることによりバッティングの動作となり、同様に重心を移す動作がピッチングの動作となる

　「打つ・投げる・走る」の運動動作は上記の重心移動（即ち、足の裏の使い方が一番大切）で足の裏から運動が始まり、足首、膝、腰、上半身、肩、肘、手首と連動する。

　逆の運動をすると上半身が力み、自分の運動能力を発揮する事ができなくなる。

足の裏での落下点の確認

投げる

打つ

重心について、投手の指導例

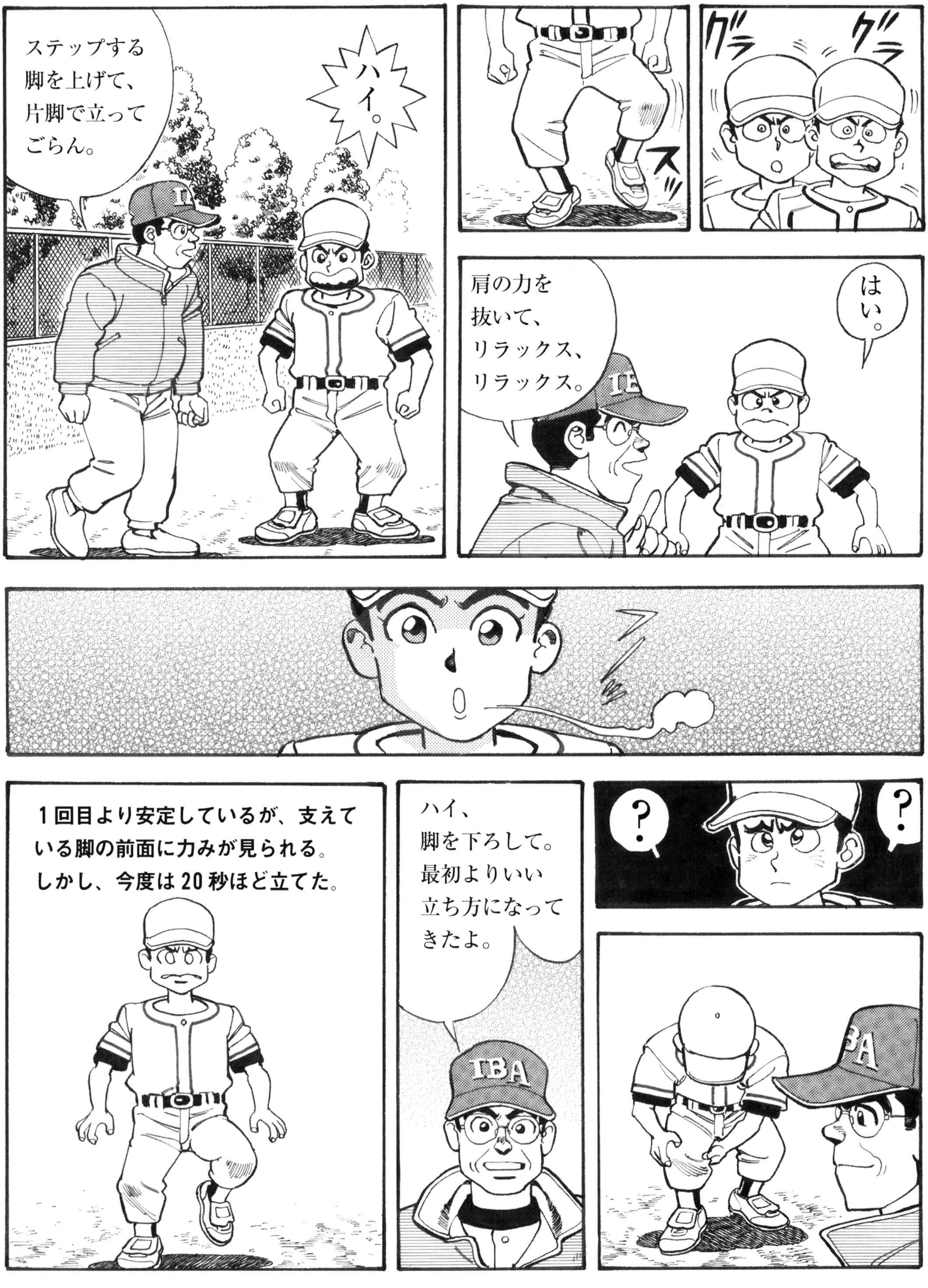

ステップする脚を上げて、片脚で立ってごらん。

ハイ。

肩の力を抜いて、リラックス、リラックス。

はい。

1回目より安定しているが、支えている脚の前面に力みが見られる。しかし、今度は20秒ほど立てた。

ハイ、脚を下ろして。最初よりいい立ち方になってきたよ。

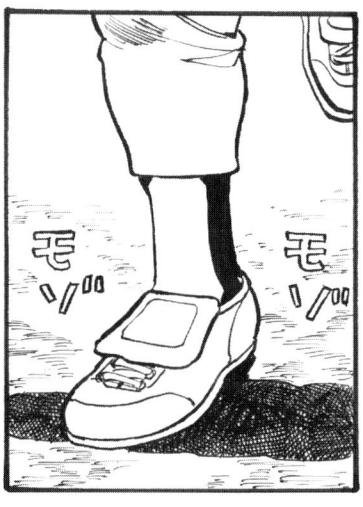

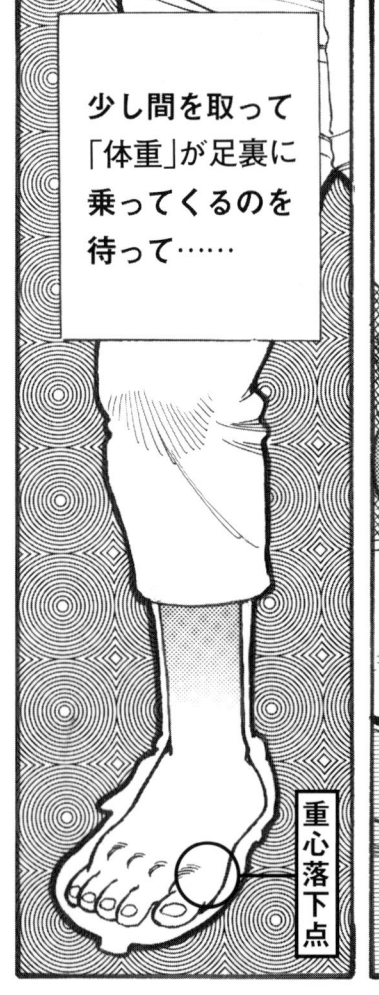

（2）ピッチャーの育成「5ステップ」と「ピッチャーの条件」

投手を育成する場合には、大きく分けて**制球力、球威、変化球、牽制球、守備力**の5つを段階的に練習していくことが大切である。

〈ステップ①　制球力〉

ストライクゾーンにストレートを10球中5球入るようにする。次には構えたところに10球中5球投球できるように練習する（これができるということは投球フォームが安定してきたことにつながる）。

〈ステップ②　球威〉

身体に筋力がついてくると同時にバランス、リズム、タイミングが備わってきて、腕の振りがシャープになり、同時に球威（ボールのキレ）が増してくる。

〈ステップ③　変化球〉

①、②が備わってきたら次に変化球を覚える、それが備わらないうちに変化球を覚えようとすると故障の原因につながり、投球フォームも小さくまとまってしまう。

〈ステップ④　牽制〉

①、②、③を覚えた段階で牽制を修得する。目的はランナーの進塁を妨げることである。投げる塁に前足を正しくステップし、右の重心を左に移す動作を覚えさせ、各塁に正確に投球できる訓練が必要である。

〈ステップ⑤　守備〉

ピッチャーは、5人目の内野手としての役目を果たさなければならない。投球後、直ちに打球に対応できる動作、守備力を修得しなくてはならない。

ピッチャーには3C、すなわち**コントロールと球威**（control and stuff）、**集中力**（concentration）、**自信**（confidence）が必要である。

制球力、キレは力ではなく、全力投球とは1球に気持ちを入れることである。

身長の高低、身体の大小、地肩の強さ、腕の長さ、指の長さ、掌の大きさ、関節の硬軟、筋肉の硬軟………とピッチャーにはさまざまな異なったタイプがある。

これは持って生まれた身体的な特徴であるので、それに適合したフォームが必ずある。それを見いだし、早く型をつくり、経験を積ませることによって、より成長していく。

ピッチャーは試合で自分の力を発揮する事を考え、最高の投球をイメージして試合に臨むが、結果が出なかった時「今日はツイていなかった」「運が悪かった」「身体が重かった」「間隔が開き過ぎた」等々という理由付けで自分をかばい、自分自身に納得させ、解決してしまう。果たしてそれでいいのだろうか？………。

午前、午後、ナイター、小雨の中、雨上がり、強風（向かい風、追い風）、ダート、芝、人工芝、グラウンドが広い、狭い……。どんな条件下でもそれをクリアできてこそ、真に信頼されるチームのエースになれる条件を持ち備えているピッチャーと言える。

（3）『タメ』って何？

投手でも打者でもよく監督から「タメをつくれ」と指導されているが、高校球児などを見ていると、その意味が理解できず、体をひねったり、止めたりする選手がいる。

投球動作の重要な局面である「タメ」を強調する意識が、返ってその後の投球リズムに悪影響を及ぼしていることが実に多い。

昨年の大リーグ、シアトル・マリナーズでの特別コーチを経験して、最も多かった質問が、この「タメ」に関することであった。

アメリカの投手の特徴は、アップダウン、つまり、上半身を主体にして「1、2、3」のリズムで投球することである。

このフォームは、上半身を主体に使うことでトップを早く決め、捕手の方向の近くでボールを離せる。大木が倒れるような動作を利用して体重を乗せると同時に、ボールに角度が付く利点がある。

しかし投げ急ぎがちなので、ボールが高めに行く確率が高く、コントロールが定まらない。「1、2、3」ではタイミングが取りやすく、ボールに余程の変化がないと打たれやすい欠点がある。

このことを指摘し、「1、2、3」ではなく「1、2〜3」のリズムをつくるために「タメ」るということを強調した。どのようにしたらそれが可能か、これを理解してもらうための時間を多く費やした。

「タメ」については、第七章「2つの投球リズム」で詳細に説明しているので参照してもらうことにして、ここでは指導法の基礎を述べよう。

ピッチャーの経験がある者なら誰でも、速い球を投げて打者を打ち取る醍醐味を味わいたいものだ。この様な投手の心理がマイナスに働くと上体に力みが加わり、投球方向に身体が突っ込んでいく悪い状態をつくる結果となってしまう。「タメ」るということの本質を理解することが重要だ。

【「タメ」をつくる際の注意点】
①まず、「**速い球を投げよう、早く投げよう**」という気持ちをガマンする。
②「**両腕の割れ**」を**丹田の前、プレートの真上**で行う。ボールを持つ手はプレート上に置くようにする。この「割れが早い」と「開きが早くなる」「突っ込む」ことに直結し、重心移動が早い結果となるのである。

③プレート側の足の拇趾丘に乗った体重を保持する意識で「足首にタメる」ようにする。「踏み出す側の脚」はプレート上に置くようにする。

バイオメカニストらが主張するように「股関節にタメる」ことを強調すると、上体が後方に傾斜し過ぎ、バランスが崩れやすくなってしまう。

下肢には、股関節、膝、足首と三つの大きな関節があるが、一番下部にあたる足首に「タメ」ることを意識することによって、最も安定した「タメ」ができる。

（4）「開きが早い」と、どうなる？

実際に高校生などの投手を指導したり、試合におけるピッチングを観察してみると、リリースポイントが早く、その結果、ボールが上ずったり、手首に力を入れ過ぎて地面に叩きつけたり、右投手であれば、身体が一塁側に傾く。この様に投球を乱している投球動作の目立つ特徴を、いわゆる「開きが早い」といっている。

「開きが早い」現象に対して、上体に視点を置けば「肩が開いている」、下半身では「膝が割れている」「腰が落ちている」ということになる。

その結果、「ボールを押し出す」投げ方となって手先でコントロールしようとするから、球道が極端に上下にぶれ、又「球がシュート回転」となってアウトコースに狙った球が真ん中に行って痛打されるということになる。

更に、打者から見て「球筋、球種を早く見極められる」ので打ち易くなる。

投手自身の感覚によって、「今日は体重の乗りが悪い」「球に体重が乗らない」「球がキレない」「腰が切れない」「腰が振れない」と訴えることになる。

そのような投球動作の持っている根本要因は、「タメ」が不十分で前足に十分体重が乗り切らないうちに回転運動に入ってしまったということである。

踏み出した脚に体重が乗り、その脚を回転軸として回転することにより「早い開き」を解決できる。

（5）「体重移動が早い」場合の対応

「体重移動が早い」原因は、ワレが早いことにある。

その結果、クロスステップになって上半身で投げるのでコントロールがつかない、変化球が曲がらない、球速が落ちるなどの症状があらわれる。

その対策としては、
①タイミングの取り方を変える。（左足がトップに上がると同時にテークバックが膝の右横にあること）
②プレート上に左足が下りてくる迄、前に移さない。
③どうしても直らない場合は、左足をトップに上げると同時に軸足のかかとを上げる。そして軸足のかかとがプレートにつく、前足がついた状態の時に肩が平行ラインにあること。
④スローイング（第七章）

（6）肘がだんだん下がってしまい、どうしても上がらない

オーバースローの投手で試合の途中に肘が下がってくる。

その原因は、
*体重移動が早くなっている（ワレが早い）。
*全身の筋力が衰え、バックスイングがインに入ってくる。
*上の円の肘の入角度と下の円の腰の角度が違ってきた。
　その結果、
*トップの位置を維持できない。
*平行ラインまで肘が上がらなくなる。
*手首でコントロールしようとして、どうしても高めにいってしまう。極端にスピードが落ちて、制球力もなくなる。
　その対策は、
①体重の移動、つまり軸足と反対の胸まで上げた脚をしっかりプレートに近い真下まで下ろして右の軸足で重心を移す。
②意識して鎖骨と肩のライン上で直線になるようにしてトップをつくる。
③下の円の腰の角度がボールの入角度と同じ角度で、かつ下の円運動がリードしながら上の円と平行に動くよう意識する。
　また、肘がどうしても上がらない場合がある。
原因①————
　右足の膝が最初から折れ、重心が右足のかかとにある。その分ワレ（重心移動）が早く、右膝が折れた状態で土がつき、右肘が出ない。肘を痛める原因となる。
*対策：膝を曲げずに重心を拇趾丘に持ってくる。
原因②————
　バックスイングが肩と肘の平行ラインよりインに入る。そのため肩にロックがかかり肘が上がらない。
*対策：右肘を平行ラインに沿って上げる。
原因③————
　テークバックからトップの位置にくるまでに手首（親指）を上の方に返すと、手首の返しがバックスイングの時、外向きになる。そのため肘が前に出ない。肘と手首が三塁側の方向に同時に出てしまうのでバックスピンがかからず、ボールが切れない。
*対策：グラブを持つ手の親指を下に、小指を上に、肘を肩の平行ラインに持ってくる。
　　　　プレートの上で軸足のかかとを上げれば肘も上がる。
原因④————
　下の円運動が横回転になっている。（力がある時はそれでも耐えられる）上の回転と同一角度ではない。その結果、上半身の力がなくなると肘が上がらなくなる。
*対策：下の回転を縦の回転になおす。
　　　　モーションに入る前の左足の置く位置をチェック。（セットではない場合）
　　　　左足を胸まで高く上げる。
原因⑤————
　肩胛骨の筋肉が硬くなっている。
*対策：肘の入角度を下の腰の角度と同一にする。

（7）「前に突っ込んでしまう」というのは

　このフォームは投球動作の中で左足に体重が移り、リリースからフォロースルーまでに上体が左足膝より前にダウンする（頭が捕手方向に入いる）ことを意味する。
　この状態をなくすには、まず、「アップダウン」することが体重移動であると思いこんでいる投手がいるので、その誤解を解こう。

下の円運動、下半身の使い方（体軸、センター軸、体重移動）の意味をよく理解することが大切である。

　このフォームを修正するには────

①体重移動した前足の拇趾丘と、膝の裏を起点として回転させる。それによって上体のアップダウンがなくなる。

②反対の方法（①を理解させ）、右投手の場合は左でシャドーさせ、センター軸の意識と体軸を体で覚えさせる。

（８）理想的な「フォロースルー」と「リリースポイント」

「フォロースルーを大きく！」するとなぜよい球がいくのか？

　フォロースルーがある程度できあがってきた段階の投手で、「思い切って」投げると、どうしても高めに行ってしまうケースがある。その原因は、リリース直前の段階で力みが見られることが多い。

　このような場合、「フォロースルーを意識させる」ことだけで欠点が直ってしまうことがある。

　前の振りを大きく（フォロースルーを大きく）ということは、言いかえれば、ボールを出来るだけ永く持つことだ。今、ボールを離しているリリースポイントより、キャッチャー方向に30cm先で離す意識を持てば、フォロースルーが大きくなり、重心が左膝の上に残って、ボールが低めに行くようになる。

　実際の理想とするリリースポイントは、投球軌跡の後半部分の一点にある。そして、その位置は常に一定していることが望ましい。

　私は、「理想的なリリースポイント」と「感覚的なリリースポイント」を区別している。「理想のリリースポイント」の分析はバイオメカニストに任せるとして、「感覚的なリリースポイント」を説明しょう。

　左投手の場合、簡略にいうと「左目の前方」に設定している。

「左目の前方」にリリースポイントを設定することによってフォロースルーを自動的に意識できる。その結果、理想とするリリースポイントが得られ、フォロースルーを大きくすることができる。

フォロースルーを意識したことによって、投球動作全体のバランスがとれてくるのである。

（9）垂体一致

「軸」という言葉を聞くことがあるが、その意味をどのように理解し、どのように実践したらいいのか説明しよう。

高岡理論（第二章「高岡理論」参照）において「垂軸と体軸は別のものである」と明示している。一体どのようなことなのであろうか。

様々なスポーツにおいて、「軸」という言葉を用いて指導や解説がされている。野球の世界でも「軸」の重要性が説かれているが、体軸のみである場合がほとんどである。垂軸らしいものも出てくるが、説明不十分に感じる。また、垂軸、体軸の両方を混乱していたりしていることもある。

垂軸と体軸について、高岡理論「重心線と体軸」「垂体一致とセンター」「感知されたものと感知されないもの」において解り易く書かれているので参考にして欲しい。

以上のことをまとめると、天地に延びる垂軸（重心線・中心線）は投球動作におけるバランスの基準であり、回転軸の働きをする。

一方、体軸は重心移動や回転力を出現させる作用の働きをする。

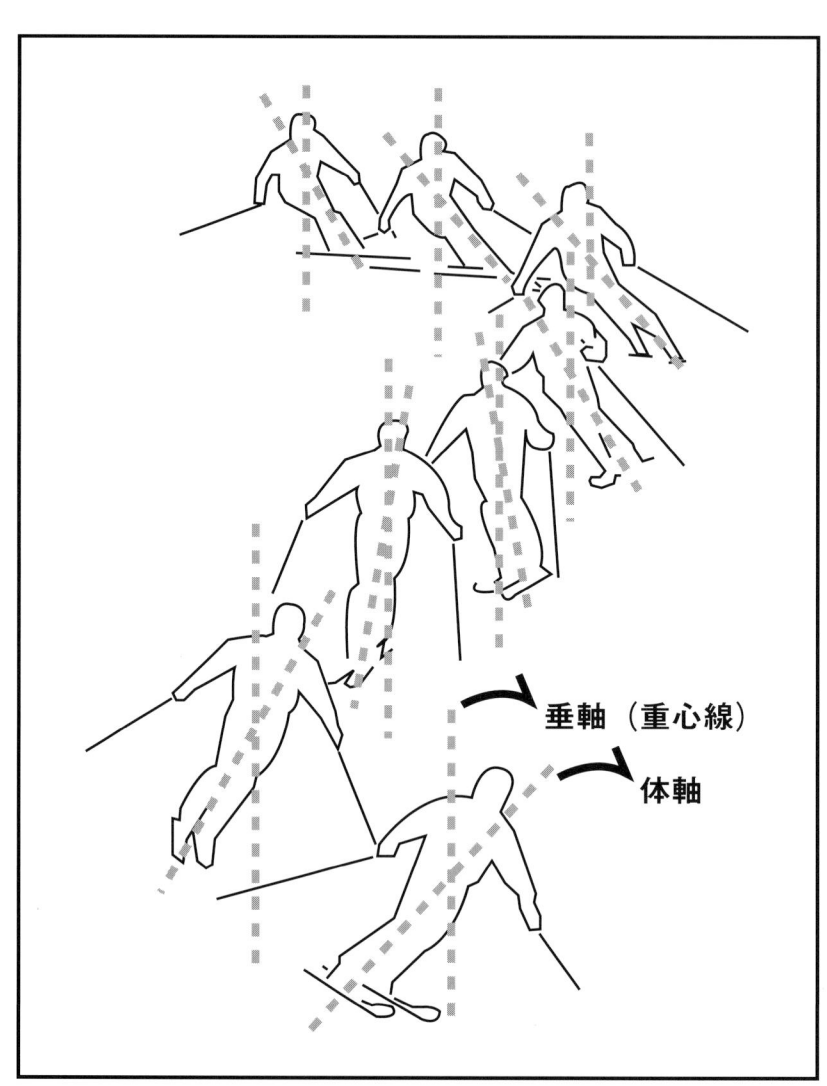

こうした両者の役割のもとに、垂軸に対して体軸がまつわりつくように交差〜一致〜交差を描きながら、「動きは自ずと流れるように美しくしなやかで柔らかい、合理性の高いものになっていく」(高岡理論「重心感知効果」)のである。

(10)「投球動作のバランス」とは

ここに「投手のフォームづくりに、指導上の着眼点として何を重視しているか」という質問への、中学、高校監督のアンケート集計結果の報告がある。(功刀靖雄／筑波大学教授、野球部総監督「ベースボールクリニック2000年1月号」)

それによると、回答された31項目のうち、最も多くの指導者が第一にあげているのが「投球フォームのバランス」である。

ついで、上位10項目に入るものを幾つかあげると腕の振り、体重の移動、リリースポイント、肩の開き等となっている。

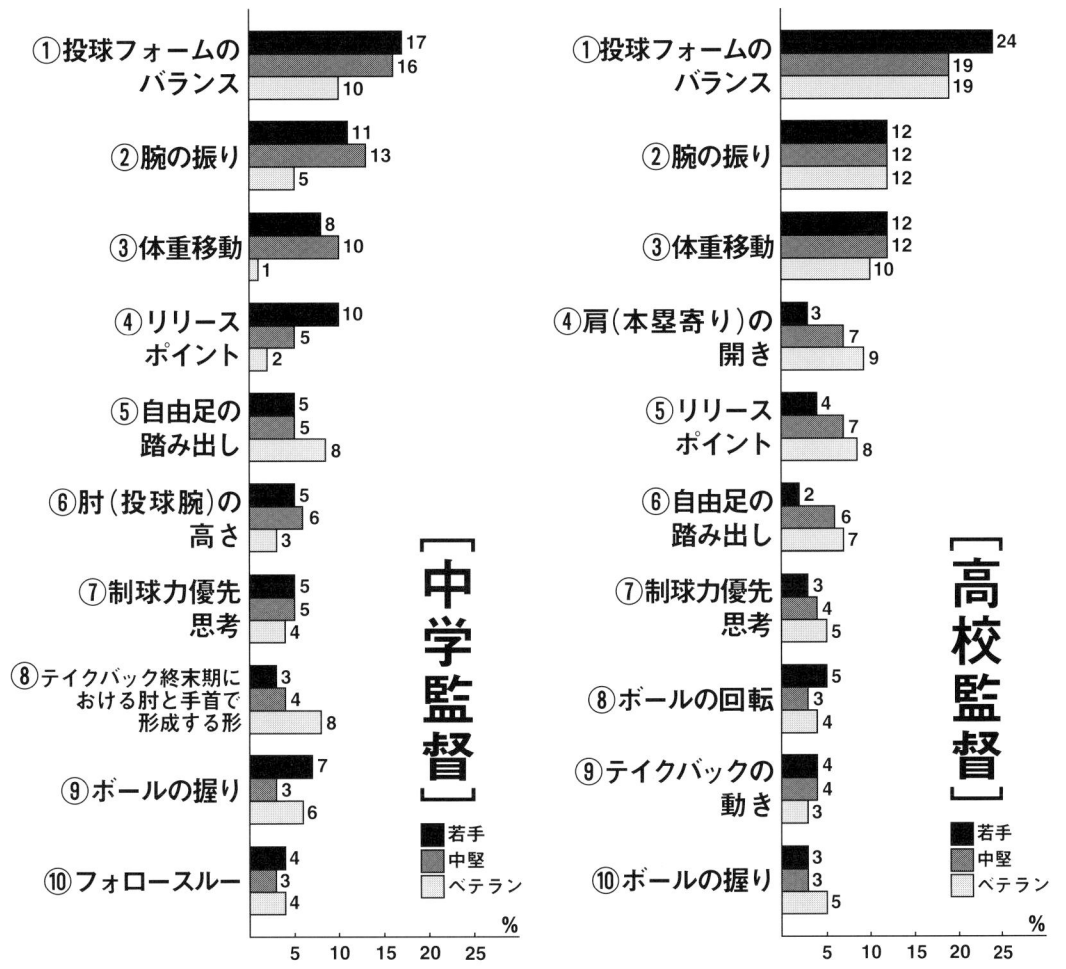

この報告から、「投球動作全体と部分」をバランスという視点で捉えていくことが非常に重要であるという認識が、中学・高校の指導者にあることが読みとれる。

実際に現場で指導をするとき、「どのような投手」の「どこを見て」「どこから手を入れるか」は難しい作業である。

だが、「投球動作の全体と部分との関係」をバランスという視点で捉えていくようになってから、私の指導法の幅も広がり、指導者や選手に理解され易くなったと思う。

(11)「キレのある速球を低めに投げる」には

好投手の条件はキレのある速球と制球力、特に「低めに投げる能力があるかどうか」にかかっている。そのためには「リリースポイントを出来るだけ捕手に近い一点にする」ことである。

　写真左は「トップの位置」で右は「スイングダウンに入る位置」のもの。この身体の「しなりの線」こそがリリースポイントを捕手に近い一点にして、キレ、コントロールを生み出す根本なのである。

　この二つの局面での「しなる」曲線は、象徴的な表現をすれば、狙いを定めた弓の弦を大きく引き絞り、まさに矢を射る寸前の状態を表している。

「しなりのあるトップ」をつくり出す為の意識の持ち方について、ポイントを整理してみる。
①タメの局面から投球方向に向かって前方始動し始める。それに伴って投球腕がスイングアップされて「トップにきたときの肘の角度」が、実際には一瞬であるが、**重心線（中心線）に対して90度**になっていること。

②トップを定めたとき「重心落下点」は前の拇趾丘にある。
③重心線と体軸が一致している。

次に、「スイングダウンに入る位置でのしなり」をつくる意識の持ち方である。

①「トップの位置」でつくった「しなりをキープしてスイングダウン（回転）に入る」ことによって、「リリースポイントを前方に置く」事を可能にする

折角つくった「トップでのしなり」を回転（スイングダウン）に入ろうとした瞬間にゆるめてしまう投手が実に多い。こうした状態を、フォーム的には「開いた」「腰がひけた」「手投げになった」「ボールを置きにいった」と表現し、精神的ニュアンスを含め「プレッシャーに負けた」「弱気になった」などと指摘するのである。

②**前足の拇趾丘とヒザの後ろを起点に腰を回転させ、丹田を乗せる意識を持つ。**

以上、「キレのある速球とコントロール」を同時に実現するための「しなり」をどのような意識によって生み出すかを述べたが、実を言うともう一つ別の視点からのチェックポイント、意識の持ち方が存在する。

詳細については、第三章の「２つの円と３つの三角形」で述べるから、ここでは要点のみにする。

「トップの位置」と
「リリース直前の横と前」

2つの円の一つは、**左右の腰骨の両端を回転する円（下の円）**で、もう一つは、**胸から左右の肩・腕に広がる円（上の円）**のことである。「下の円」が先行し、「上の円」がつられるようにして動く、この『ズレ』によって身体に「ねじれのあるしなり」が生みだされる。

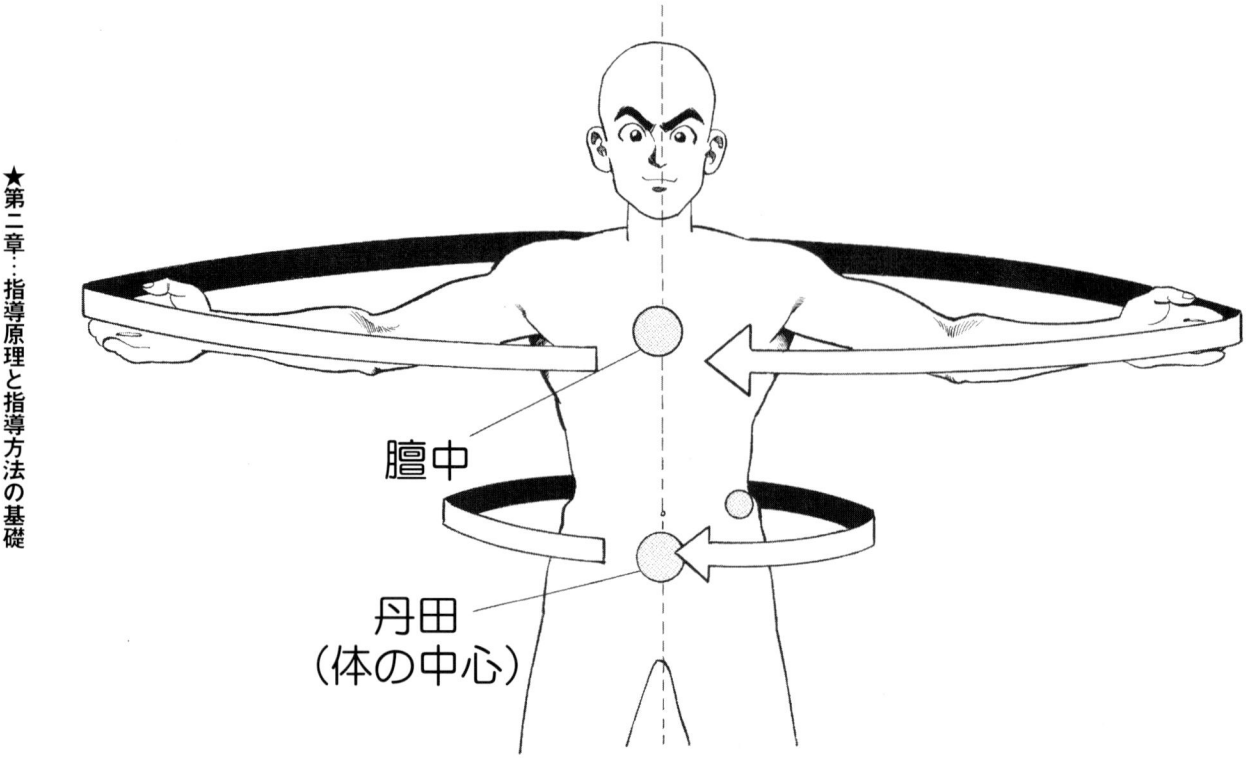

　その際、この「2つの円」は同じ角度を保ちながら投球運動が行われる事が「キレのある速球とコントロール」の向上に欠くことのできない条件なのである。

（12）「45度遠投」は投手にとって意味があるのだろうか？

　日本の投手がよく、45度の角度で遠投をしている。それは多分、肩をならし（肩胛骨を左右に大きく使う）、バランスを整える意味で準備体操のようなものの感覚であろうが、持論では、遠投はピッチングの練習にはつながらないと思う。
　むしろ、肩を慣らすのであれば、ストレッチの方が有効である。
　アメリカ野球の場合、野手を含め上方に向かってボールを投げる選手は見かけない。それは試合において上に向かって送球するプレーはないからである。
　ましてや、投手はマウンドでこうした動作は必要ではないし、投手は30球以内で肩をつくることが大切であるから、無駄な投球はできるだけ避けているのである。
　大リーグではホームベースを1メートルほど投手寄りに置いて捕手を座らせ、角度をつけた投球の練習をする。リリースポイントの確認などにも非常に効果的だ。

（13）「ケリ」の動作を誤解していませんか？

君の足はすでに地面から離れているはずだよ。

あっ

こーですか？

その動作の中で体重を移しながら前足の下の回転をさせ、重心が乗ったら後足は上がってしまうだろう。

はい。

必要だろ？

その時に「ケリ」が……

そうなると対象物がない空間を……

「ケル」ということにならないかい？それではおかしいだろ。

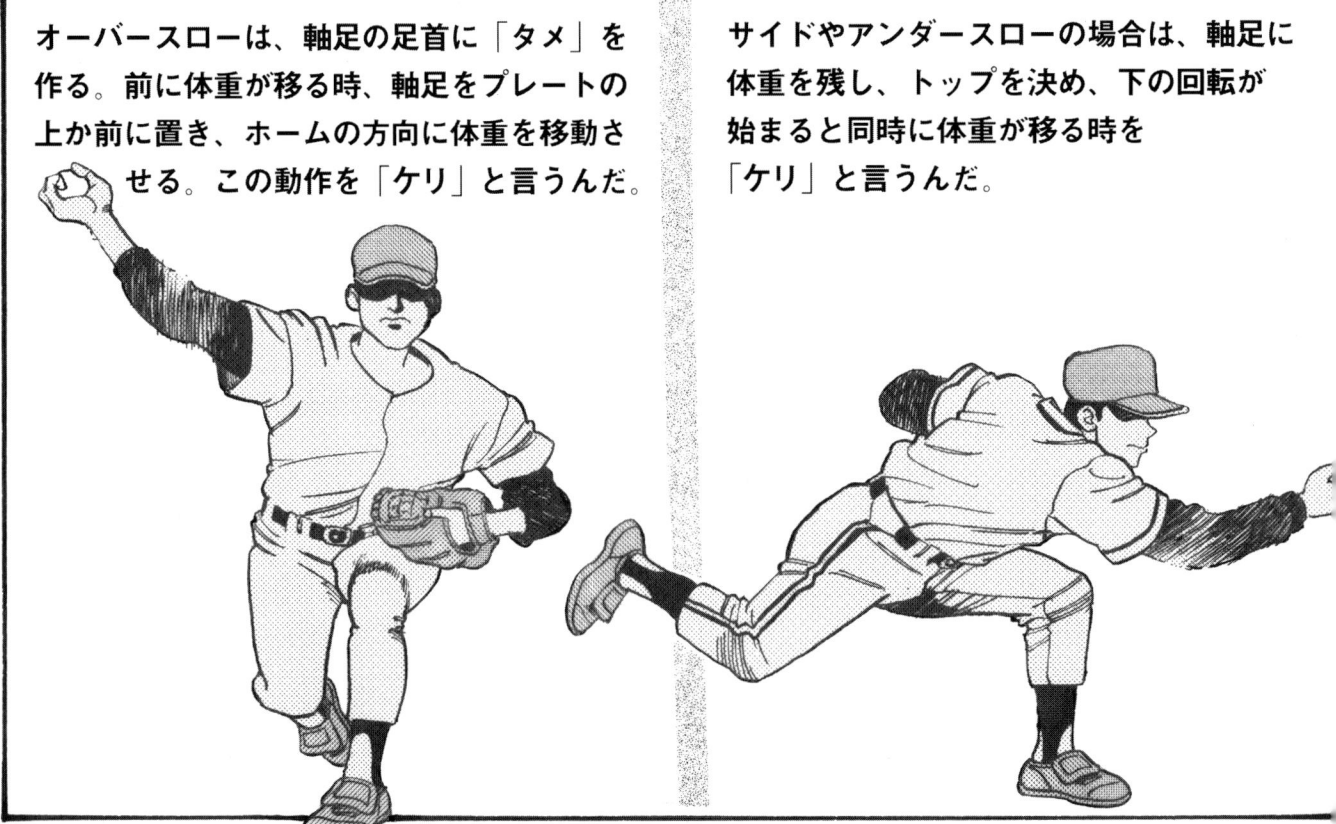

オーバースローは、軸足の足首に「タメ」を作る。前に体重が移る時、軸足をプレートの上か前に置き、ホームの方向に体重を移動させる。この動作を「ケリ」と言うんだ。

サイドやアンダースローの場合は、軸足に体重を残し、トップを決め、下の回転が始まると同時に体重が移る時を「ケリ」と言うんだ。

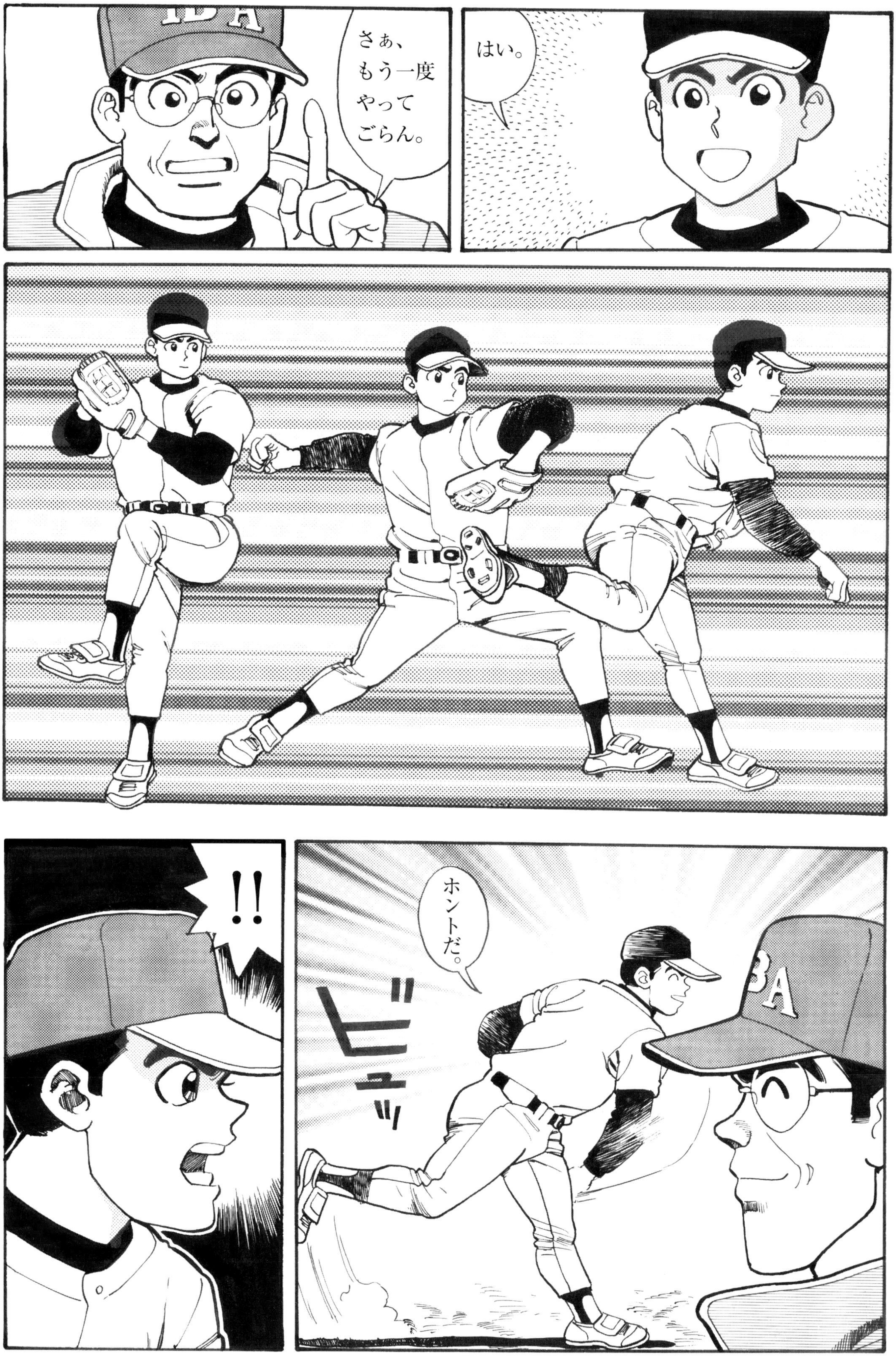

(14) コントロール

①「高め」「低め」の投げ分け方

＊手首「スナップ」で調節する。 これに頼ると角度、ボールを離す位置の高低が仮に1度違えばホームプレートでは約27cmもずれる。

＊感覚でしかボールを離す位置が分からない。

どちらも、不安定要素が多い。もっと、体全体を使って安定した投げ方を考えてみよう。

人は立って「物」を後ろから前へ、或いは横から前へと移動させる時、必ず膝の屈折を使っている動作に気が付くだろう。

高め・低めのボールを投げ分けるにはフォロースルーの時の軸足となる膝の屈伸と角度を利用することで無理なく安定した調節ができる。

②インコース・アウトコースの投げ分け方

アウトコースは、前足の拇趾丘と膝の後ろを起点として回転を始動させ、センターラインをくずさず、下丹田をのせ、投球する。

インコースは、前足の拇趾丘だけを起点として（シュート回転ぎみ）、鋭く腰を回転し、肘はホームベースのインコースの前の角、手首はインコースの後ろの角にもっていく意識で投球する。

(15)「爪」と「マメ」の手当て

①爪が割れたら──────
＊水溶性ばんそうこう、肌色テープ、はさみを用意
＊爪の手入れ
＊栄養補給

〈処置〉
　水溶性ばんそうこうを薄くぬり、乾いたらもう一度ぬる。そして、爪の形より少し大きめに切ったばんそうこうを爪に沿ってはり、先端は爪の中に折り込む。またもう一度水溶性ばんそうこうをぬる。こうすると試合の時、違和感なく投げられる。試合後は、すぐにはがす。

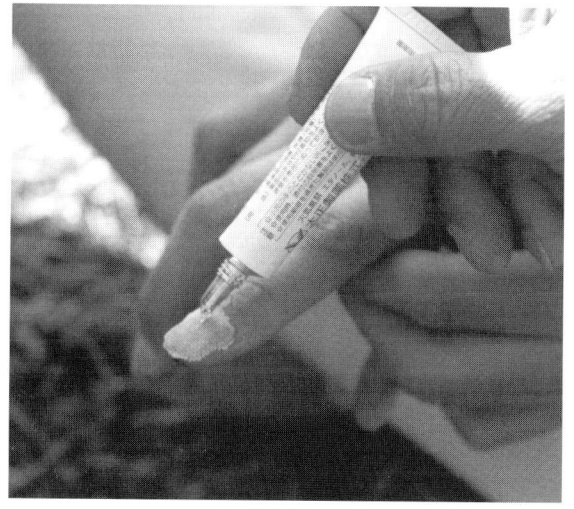

〈アフターケアー〉
　親指、中指、人差し指の爪はヤスリで削り、日ごろから手入れをしておく。
　中指、人差し指でボールをキルのでその指先には負担がかかっている。常にカルシウムなどを補給すること。

②「マメ」ができたら──────
＊黒ずみを染み込ませた糸を通した裁縫針を「マメ」に通す。「マメ」の中に黒ずみがしみ込み、「マメ」が固まる。
＊線香で焼く。
＊試合中に「マメ」が破れたら水を抜いて水溶性ばんそうこうで固める。

[特別寄稿] 指導原理としての高岡理論 ── 高岡 英夫

──── 優れた動きの秘密 ────

　人は他の動物に比べ、驚くほど多様な動きを行うことができる。ボールを投げ、バットを振り、鉄棒で逆上がりをし、泳ぎではクロール、平泳ぎ、背泳、バタフライをし、スキーをやれる動物など聞いたことがない。多様な動作パターンを学習することにおいて、人は圧倒的に広い能力を持っている。この学習能力は大脳皮質に主に依っている。

　一方、動物はきわめて限られたパターンもしくは範囲の動きしかできないが、その動きの完成度は人の遠く及ばない所に達している。チーターの走り、ハヤブサの飛翔、イルカの泳ぎの優秀さはオリンピックの金メダリストを遥かにしのいでいる。動物はあるパターンもしくは範囲の動作を完成させることにおいて、極めて高い能力を持っている。この完成能力は小脳・脳幹に主に依っている。

　野球というスポーツと出会い、上達していくとき、全くの未知の動作パターンを学ぶ過程では主に大脳皮質が活躍し、一応覚えた動作パターンを洗練させ、完成させていく過程では主に小脳・脳幹が活躍する。つまり同じピッチングやバッティングという動作を練習する場合でも、全く異なる脳の分野が介在するということである。当然のことながら担当する脳が異なるならば、その指導・学習法も異なるものとなる。

　私は大脳新皮質優位の運動学習過程を「運動の低次学習過程」、小脳・脳幹の担当する学習過程を「運動の高次学習過程」と呼んでいる。俗に言われる「天性のセンス」とは後者の高次学習過程で扱われるべき能力そのものである。天性のセンスが（後天的な）学習で習得可能と聞いたら、多くの研究者、指導者が疑問を訴えるに違いない。

──── 小脳・脳幹はトレーニングできる ────

　小脳・脳幹が充分に機能すると、選手の動きはしなやかで絶妙にバランスのとれた見事に優れたものになる。では、どうしたら小脳・脳幹の鈍化した選手にこれらの脳を使わせることができるか。筆者が研究し、実証に成功した高次学習過程を次に紹介する。

＜高次学習過程＞
1．動的に脱力する。
2．重心落下点・重心線・重心を感じる。
3．センター（中心線）・丹田をつくる。
4．立ち方を改善する。
5．低次学習過程的指導方法・指導言語をやめ、高次学習過程的指導法・指導言語を使う。

──── 脱力すると重心が感知される ────

　身体がグニャグニャ、ユルユルにゆるんだ状態で静かに立つと、全身の筋肉から体重を支える筋力以外の余分な力が抜けるために、筋肉内の筋紡錘という張力を感じる感覚器から重力情報だけが脳に送られるようになる。この全身からの多くの重力情報を小脳・脳幹系が読算処理することで身体に働く重力中心（中心線）である重心、重心線、重心落下点が捉えられるようになる。私はこうした脱力による重心感知機能の高まりを「脱力重心効果」と呼んでいる。

──── 重心が感知されるとバランスのよいしなやかな動きになる ────

　重心が感知される正確さとバランスは見事に対応している。これは当然の話で、バランスの制御のための最重要情報が重心、重心線、重心落下点の位置情報だからである。また重心感知が高い状態は全身各筋肉のセンサーが充分に機能することで、各筋肉により優れた順序とタイ

ミングと強さで収縮刺激を送ることができる。しかも前提として全身筋肉から無駄な力（筋収縮）が排除されているわけであるから、動きは自ずと流れるように美しくしなやかで柔らかい、合理性の高いものになっていくのである。これを私は「重心感知効果」と呼んでいる。

―― 重心線と体軸 ――

　感知しやすい順は重心落下点、重心線、重心である。足裏に重心落下点を感じるトレーニングは、重心感知能力を高めるための導入的方法となる。重心落下点感知の次は、重心線感知である。重心は全身に三次元の動きがある体操やトランポリンのような運動分野以外では、なかなか難しい。

　さて読者は重心線と体軸はどういう関係なのか疑問をお持ちのことと思う。私はこうした問題について専門的に研究してきたが、その結論はこうである。

　重心線と体軸は別のものである。重心線は質量を持つ物体としての身体と地球の間に働く万有引力現象であるのに対し、体軸とは地球とは無関係のところで身体の解剖学的構造から成立する脊髄前端の位置で身体を長軸方向に貫く一線である。重心線は身体の傾斜に拘わらず地球に対し常に垂直方向を描く（その点を考慮し、私は重心線を「垂軸」と呼ぶことがある）。一方体軸は身体の傾斜運動に従い、千変万化の方向を描く。

―― 垂体一致とセンター ――

　これら重心線（垂軸）と体軸は多様な動きの過程で、時には一致し重なり合ったり、交差し合ったりする。両軸が一致し重なり合うのは、体軸が地球に対し垂直となるまれな場合であるが、この状態が実は身体運動にとっての最根本となる"自然体"と言われるものである。

　こうした重心線（垂軸）と体軸が一致することを、私は「垂体一致」と呼び、一致した状態の一本化した軸を「センター（正確には基本センター）」と呼んでいる。

―― 感知されたものと感知されていないもの ――

　ところで正確に言えば、重心線や体軸は本人がそれらを感知できていようといまいと、必然的に存在するものである。しかし身体運動において重要なことは重心線や体軸が物理的、解剖学的に存在するだけでなく、それらが充分に正確に感知されているかどうかである。

　こうした感知が充分に進むと本人の意識の中で、まるで身体の部位に一本のラインが一つの実体的構造のように感じられる。私はこうした段階の"ライン"や"点"あるいは"かたまり"のようなものを「身体的な意識（専門用語で身体意識）の構造」と呼んでいる。

　日本の伝統武術や武道で重要視される「正中線」「中心線」、クラッシックバレエで重視される「センター」はこうした身体意識の構造のラインの例であり、東洋の身体文化の多くで重要視される「丹田」は"点"もしくはかたまりの例であると考えている。

　こうした身体意識の構造の実例の中で、野球における「体軸」はバッティングの場合は垂体一致の"ライン"であり、ピッチングの場合には垂軸と体軸が一つの動作過程の中で垂体一致～交差を描く"ライン"であろうと考えている。

―― 中心線と丹田 ――

　すでに述べたように、重心線がよりよく感知されるだけで「重心感知効果」として、様々に優れたバランス、しなやかさ、キレ、重みなどが生じる。いずれも天性のセンスとしてみなされてきた優れた運動機能ばかりである。これがさらに感知の進んだ「身体意識の構造」としての中心線（センター）や丹田の形成にまで到ると、その発揮される効果はほとんど常人を超えた驚くべき段階にはいる。身体の大きさも他の選手たちと変わらないのに、なぜ、ここまで凄まじい能力を発揮するのか首を振るような、並はずれた選手がまれに現れる。ノーラン・ライ

アンや日本ならイチローなどがその例である。

こうした選手たちには見事に共通して、中心線（センター）をはじめとした「身体意識の構造」が形成されているのである。

今任靖之氏の指導

フォームのすべて、もしくはより多くの部分を言葉として表現し、頭で理解させて、動きを学習させ、あるいは改善しようとする、いわゆるフォーム学習は、典型的な「低次学習過程」のやり方である。こうしたやり方は「高次学習過程」では通用し難い。スポーツの多くの分野で、指導者が選手のパフォーマンスの高度化に取り組んで失敗するのは、「高次学習過程」に「低次学習過程」の方法と言語をそのまま持ち込むからである。

本書の著者である今任靖之氏は、世界でも数少ない「運動の高次学習過程」を実践する指導者であると認識している。氏の指導には、私が研究によって導き出した「高次学習過程」の各要素が、実に多様に、また実に興味深く工夫され、編成されていると考える。氏の提出される一つ一つの考え方と方法を、これまでの先入観を一時カッコにくくって、心を白紙にして実行してみてほしい。「エッ、こんなことがピッチングに役立つの？」というアイディアが隠されている。またバイオメカニクスの観点からは一見あいまいに思えたり、時には少し間違っているのではと思える指導言語にも、意味のある上達効果を狙ったアイディアが隠されている。

指導言語とは、バイオメカニクス的言語と同じであってよいものではない。必ず選手自身の"主観"の中で意味を発揮し、選手の小脳・脳幹系の改善を促進するものでなくてはならないからである。

私に野球の完全な具体的知識があるわけではないので、今任氏の考えと方法のすべてについて是非を論じることはできない。しかし、氏の考えと方法が、今日までスポーツ界が取り組むことが難しかった「高次学習過程」を実践するものであることは、間違いのないところであろう。

氏の考えと方法の是非を決定するのは、読者の取り組み以外にないものと考える。

「指導言語」について

バイオメカニクス的、客観的言語とは、投球フォームをビデオなどによって分析し、理想とする投球フォームに近づけようとする、指導者の認識に基づく言葉であろう。具体的には、けりが弱いから大腿四頭筋を強くしろとか、腕の振りが鈍いから腕や胸の筋肉をつけろということになろう。このような指導と学習においては、投球動作に硬さがみられスピードは出てきたがコントロールが安定しない、実戦においてここという大事な場面で力みが出て自滅するなどの結果になりやすい。"覚える"ことを司る大脳皮質に主に依る学習で「低次学習過程」と呼ぶ。

それに対して、「しなやかで絶妙なバランスのとれた動き」（実戦に必要なコントロールや球のキレ）を生み出す、という指導者の認識に基づく指導体系を「高次学習過程」と呼んでいる。「低次学習過程」において覚えたことを、小脳・脳幹に主に依って"自動的に発揮し「センス」を改善・向上していく"学習である。

さて、「小脳・脳幹系の改善を促進する学習」（高次学習過程）をしていくことは、身体の脱力を高めることによって、重心落下点、重心線、重心を感じ取っていくことである。こうした「高次学習過程」においては、学習の到達度や個人差を考慮においた、指導上の適切な言葉が重要になってくる。

その理由の一つは、重心落下点、重心線、重心を感じ取っていく初期の段階では、それまであまり意識することのなかった身体の深部の筋肉、骨格、内臓などを、また今までとは異なっ

た動きを"主観的に感知していく"ことから始まるからである。

　もう一つは、たとえば重心の位置は、個人によって違うということである。このことを踏まえて、もっと拇趾丘に重心を乗せる必要があるときに「足首を柔らかくして仙骨で前に押して」とか、片足加重のとき重心が小指側や踵側に行きすぎないように「拇趾丘に乗った重心をキープする」とか、あるいは着地側の脚へ重心が乗らないときは「丹田を90度になっている膝に近づける」といった言葉を使って、求めるバランスを"主観的に感知して学習していく"からである。

　以上のように、「投球のための高次学習過程」における指導上の言葉、つまり指導言語を用い述べている箇所をいくつか取り上げておくので参考にしてもらいたい。

①プレート側の脚の拇趾丘に乗った重心を保持する意識で「足首にタメる」
　実際に片脚加重になったときの足裏にある重心の位置は、拇趾丘よりやや小指側、中指の付け根のあたりにある。重心を拇趾丘に乗せてそこをキープする意識を持つことによって「メビウス状（∞）」に「残してタメる」動作が実現できるのである。
　また「足首にタメる」ということは、「下肢の最も地面に近い足首でタメる意識」によって最も安定したタメができることを意味する。

②「丹田」をできるだけ前脚の「90度になっている膝」に近づける。
　実際に投球するとき、着地側の脚の膝の角度は、最も深くて100度から110度ぐらいのようだ。実際に指導するときには「90度により近づける意識」を持つことによって求める膝の角度が得られるのである。

③「感覚的なリリースポイント」を、右投手なら「着地側の脚が着地したとき、右目と投球方向を結んだ延長線上」（簡略にいうと「右目の前方」）に設定している。
　実際に「右目の前方」でリリースしたら、それこそ前方の地面にボールをたたきつけてしまうだろう。「右目の前方でリリースする意識」でちょうど理想とするポイントでボールを放すことができるという意味である。

高岡　英夫（たかおか・ひでお）
　運動科学研究所所長。東京大学卒。同大学院教育学研究科体育学専門課程終了。西洋科学、東洋哲学など幅広い知見に基づき、人間の身体運動を包括的に取り扱う学問「運動科学」を提唱。天才・名人・達人の域である"極意"の学問的解明を研究。武道、スポーツ、芸術など広範囲にわたる実践・指導活動を行って理論の実証と普及に取り組んでいる。著書に「意識のかたち」（講談社）、「天才の証明」、「鍛練の理論」（恵雅堂出版）ほか多数。

第三章

「2つの円」と「3つの三角形」

私の理論における、投球フォームとは「2つの円運動」と「3つの三角形」によって成り立っている。あまり聞き慣れない言葉だと思うが、この5つの図形を意識することで「ムリ」「ムダ」「ムラ」のないフォームが形成され、また、スランプに陥った時にも、比較的容易にチェックでき、矯正するための大きな手助けとなる。

「2つの円」とは

　右の腰骨がスローイングの時に回転する軌道を［小さい方の下の円］、胸の膻中（だんちゅう）から左右の腕へ広がる中心線が描く軌道を［大きい方の上の円］と名付けた。
　ちなみに膻中とは、両胸の間のみぞおち近くにあるツボであり、イラストで正確な位置を把握して欲しい。

2つの円運動

　次章の「重心」で詳しく触れるが、頭の頂上にある「百会（ひゃくえ）」から「上丹田」「膻中」「中丹田」「下丹田」「膝」そして「足底」に至る「センターライン」を軸として、2つの円は回転するのである。
オーバー、サイド、アンダーとそれぞれの投法によって腕の出口の角度は変わるが、いずれも、2つの円は同じ角度を保ち、**平行して回転しなければならない。**

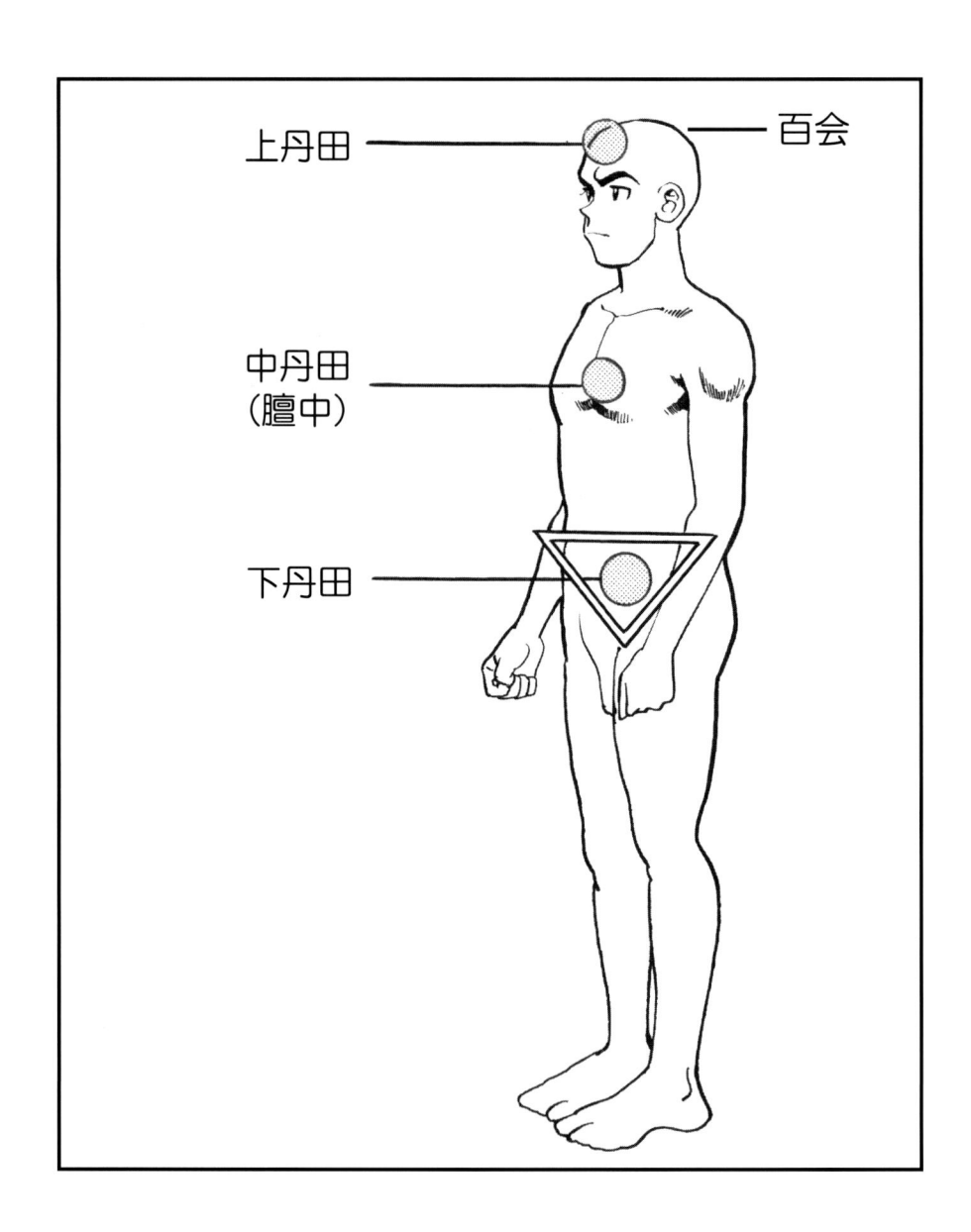

上丹田 ―
百会
中丹田
（膻中）
下丹田

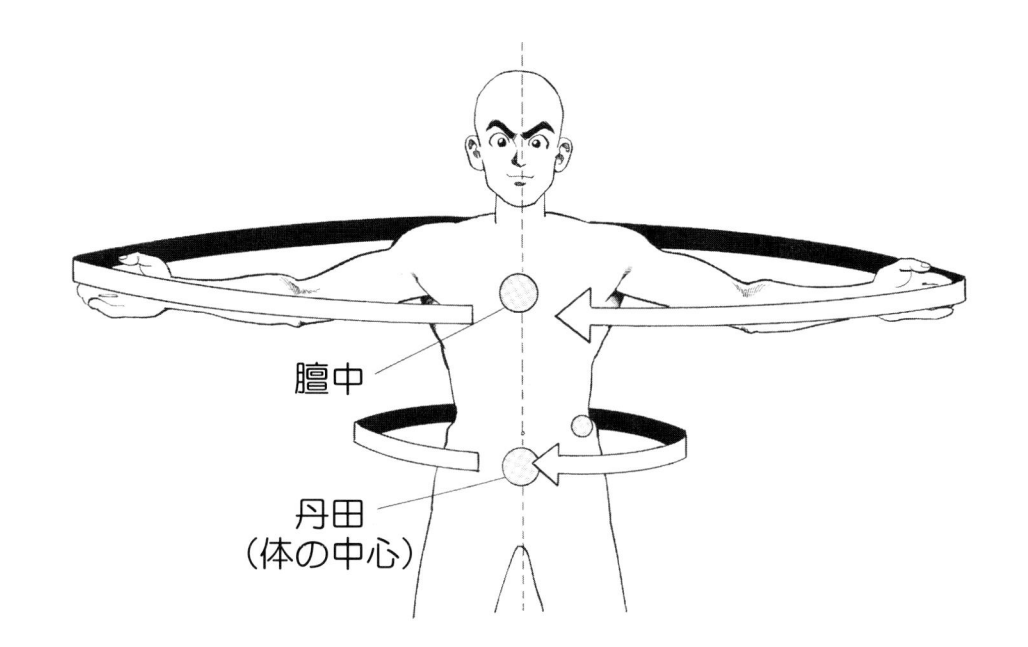

膻中

丹田
(体の中心)

大きい上の円

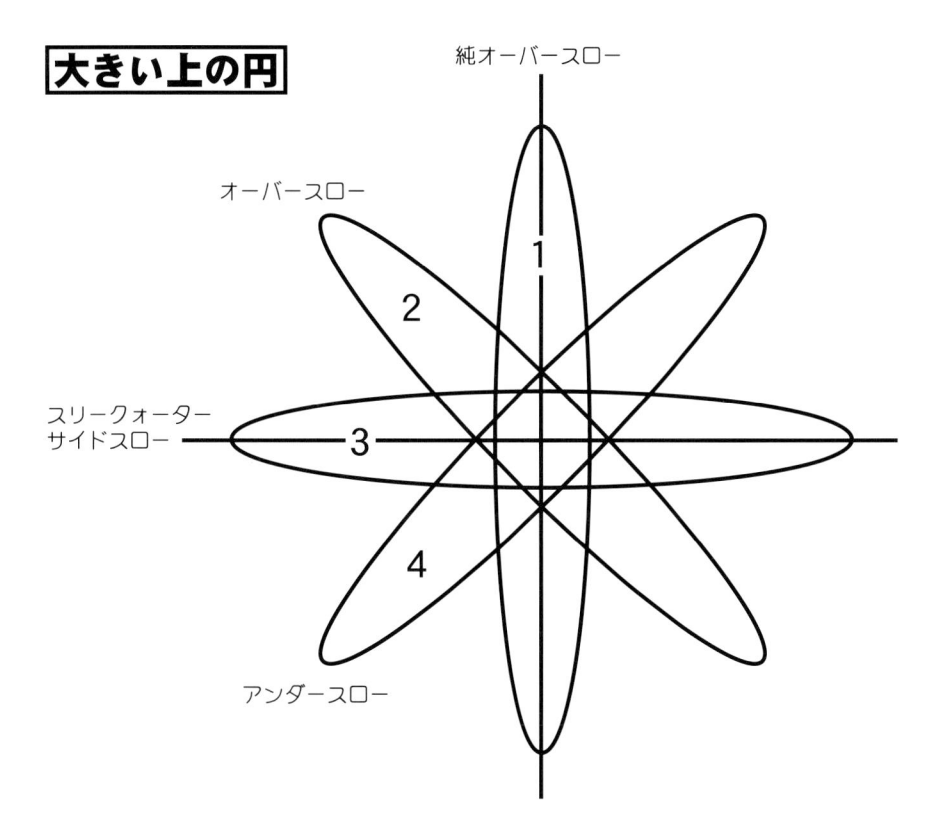

純オーバースロー
オーバースロー
スリークォーター
サイドスロー
アンダースロー

1
2
3
4

小さい下の円

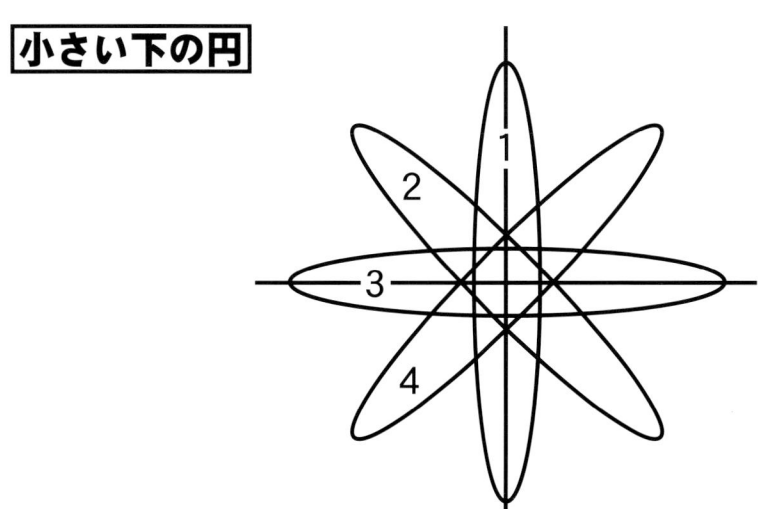

1
2
3
4

第三章…「2つの円」と「3つの三角形」

2つの円運動によって「球威とコントロール」が共にアップするための大切な条件がある。従来の指導では体の回転を「コマが回転するように」と言う表現を使っているが、私の理論では、2つの円の関係において始動開始直後より「時差」が存在する。

　1つ目として、「小さい方の下の円」が先に回転を始め、連動して「大きい方の上の円」が回転する。そこに「時差」が存在するのである。

　もうひとつは、回転をより加速させるための踏み出し動作、つまり重心移動に伴う「時差」である。バッティングや、ゴルフ、テニス等のスイングも同じであるが、この「2つの時差」による体の「ねじれ」と「しなり」が反発力を生み、ボールに力を増すことになる。

　もし、投球するときに「2つの円」が同時に回転したら、右投手なら左肩の開きが早くなり、それにつられてリリースも早くなる。結果としてボールに力がなく、シュート回転し、コントロールも甘くなってしまう。

タメ

センターライン→

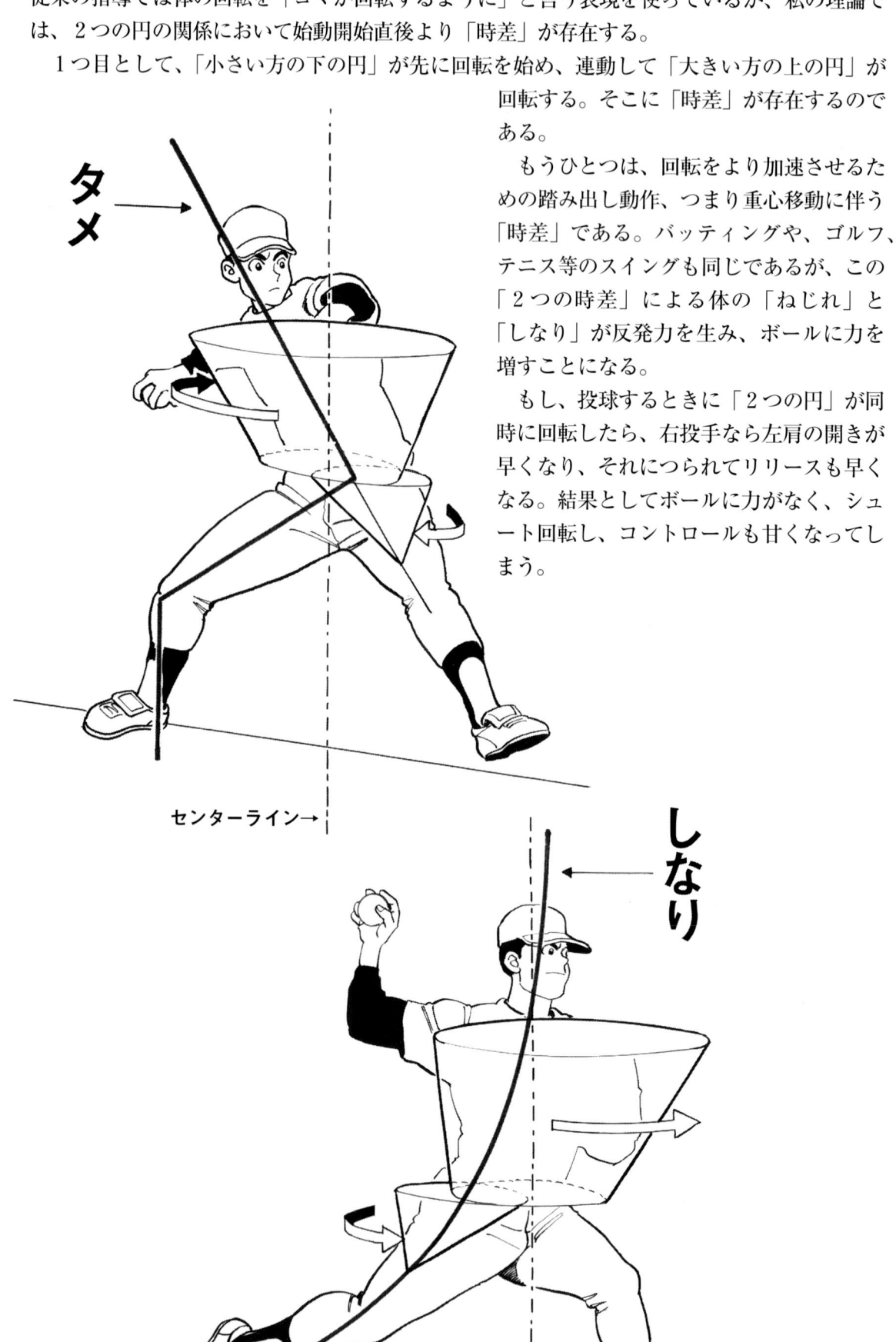

しなり

★第三章…「2つの円」と「3つの三角形」

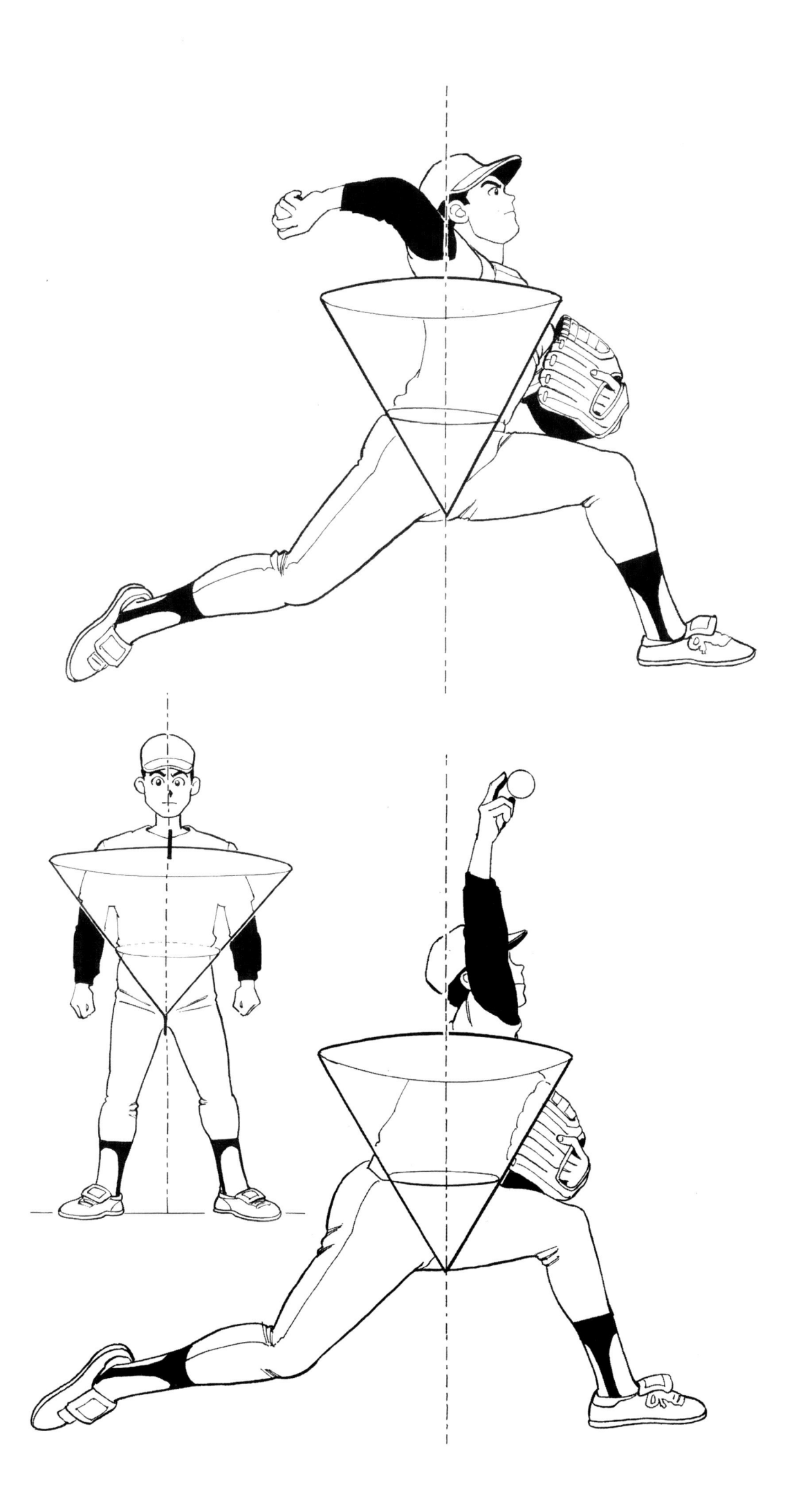

「2つの円」を見出すきっかけ

　この理論は、今から30数年前、私が社会人野球を引退し、九州の福岡工大野球部でピッチャーの指導の手伝いをしていた頃に見いだしたものである。

　当時、上背に恵まれながら試合になると制球に泣いていた右オーバースローのA投手がいた。正しいリズムや腕の振り方など、そのつど言葉ではいろいろアドバイスしたが、どうにも効果が上がらない。彼のフォームを様々な角度から分析すると、上半身はオーバースロー気味の縦回転をするのに、腰のラインはサイドスローのように真横に回転するという実にちぐはぐなフォームだったのである。

　まず、腰を縦に切る回転に変えてみようとしたが、余計にバランスを崩すだけである。そこで、思い切って腕の振りをサイドスローに変えてみた。すると、速球は狙い通り外角低めに決まり出し、ボールの切れも増したのである。

　もう一人、スローイングの時に体の切れの良い遊撃手B君に思わず目を奪われた。地肩も強い彼に、私は投手転向を勧めた。彼も腰のラインは横回転で、スローイングはオーバースローだったので、投手としてはサイドスローに変えさせた。腰のラインと両肩のラインが平行になって横回転するフォームを身につけさせてからは、大学生になって初めて投手の経験をしたにもかかわらず、エースに成長したのである。

　それまでは目立つ存在ではなかった2人だが、フォームを変えてからの活躍は目ざましく、卒業後さらにレベルの高い社会人野球で活躍したのだ。

　この2選手の指導をきっかけとして私は「2つの円運動」についての研究を深めた。

「下の円」の優越性と「2つの円軌道」の角度

　2つの円のうち、「小さい方の下の円」をより正しく回転させることを意識することが大切である。これは「下の円」の方が「重心」に近いため、軌道を崩せば投球の根幹であるバランスにまで影響を与えるからである。

　極論すれば、「センターライン」を意識して「小さい方の下の円」を正確に回転させ、そこに余計な力みを与えなければ、上の円は自然に「同じ角度で回転」するものなのである。

　高校球児を指導していると、オーバースローなのに「小さい方の下の円」が横に回転している投手を数多く目にする。その場合の修正方法として後述する「3つの三角形」の最初の直角三角形にあたるもの、つまり着地側の脚をより高く上げることによって、腰を斜めの回転に変える事が出来る。

　しかし、先にも述べたように「小さい方の下の円」の軌道を変えると、その投手が持っている基礎的なバランスそのものを崩しやすい。また、腰を中心とした運動は個人の体の特性（柔軟性や筋力）を反映している場合が多く、無理な矯正は故障につながりやすい。

　したがって、A君のように、思い切って「腰の回転角度に合わせた」投法、つまりサイドスローへの転向を勧めたことが、投手としての将来に好影響を及ぼしたのだ。

　このように2つの円は、「大きい方の上の円」に対して「小さい方の下の円」の方が優位性を持っている運動構造なのである。それに伴い、先のイラストでも示したが「2つの円軌道の角度」を一致させることが大切である。

3つの三角形

　3つの三角形は、私が高校野球の指導に携わり、福岡第一高校を率いて、前田幸長投手（ロッテ―中日）らを中心に昭和63年の全国高等学校野球選手権で準優勝した頃に明らかにした理論である。**従来の指導者は、捕手の後ろか投手の真後ろで指導していたが、私の場合は投手の真横、すなわち右投手なら三塁ベース方向からフォームを分析することによって、球威と制球力の源となる「3つの三角形」を見いだしたのである。**

(1) 1つ目の「三角形」

　ステップ側の脚を上げた時、プレート側の軸足のかかとをA、ステップ側脚の膝をB、着地点をCとすると、A・B・C3点を結ぶ三角形である。

　セットポジションにしろワインドアップにしろ、着地側の脚が最も高い位置にきて一本足になった時、先のA、B、Cを結ぶ三角形の面積が大きくなればなるほど、制球力・球威ともに増す力を生み出す。三角形の底辺にあたるスライドの幅はスパイクの5足〜7足と不変のため、足は高く上げれば上がるほど三角形の面積が大きくなることになる。

　着地側の膝をトップにもってきた時に、次の2つの点に注意して欲しい。

①プレート側の足に体重をきちんと乗せること。この乗り方によって前方移動の際に作る「タメ」が正否を決定づける。

「タメ」がないと体が開いてしまう原因となる。

②「胸の十字架」（センターラインと「上の大きい方の円」の中心点）が正しく三塁ベース方向を向いているかである。

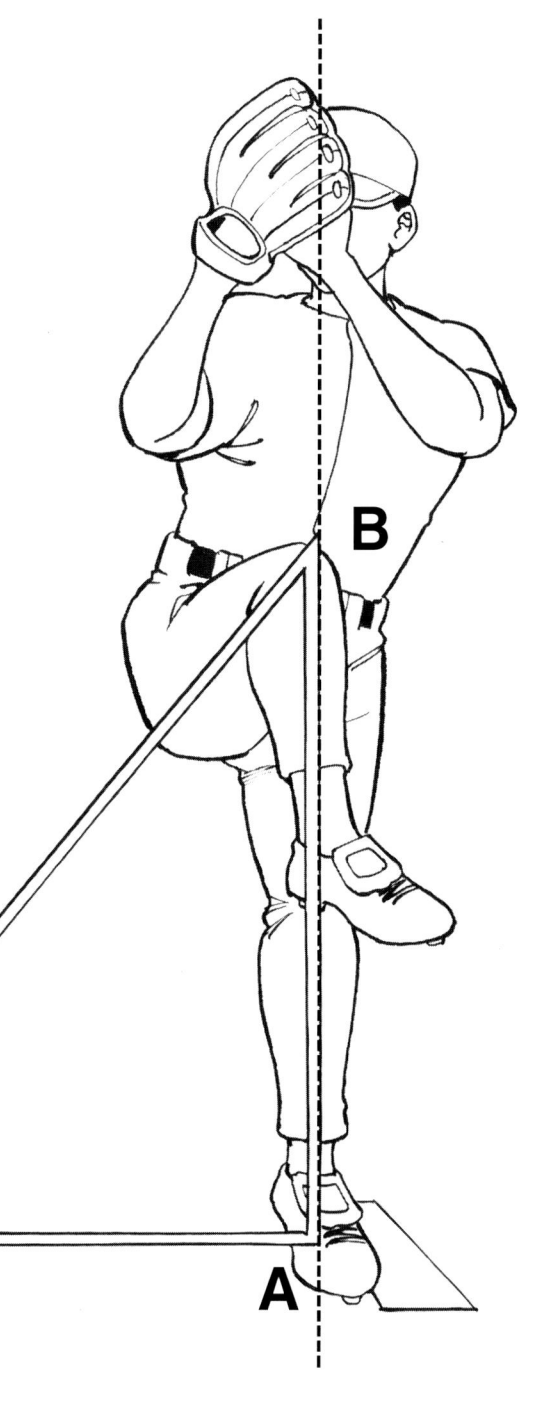

(2) 2つ目の「三角形」

　　腕の「トップの位置」で作る「三角形」。
　　重心がプレート側の脚から着地側の脚に移動する途中において、腕の円運動によって作られる軌道のトップにできる三角形のことである。
　　利き腕でつくる「2つ目の三角形」は、出来るだけ「センターライン」に近い所につくること。この三角形が体から離れてしまうと腕のスィングに加速がつかず制球力も乱れてしまうからだ。
　　「2つ目の三角形」をつくるタイミングは、重心移動との関係で決まる。つまり、着地側の脚が着地したと同時に利き腕は「トップの位置」にくるからである。
　　「1つ目の三角形」の状態からの重心移動が早すぎると、この「2つ目の三角形」「トップの位置」は作り切れずに、センターラインから離れてしまう。
　　したがって、プレート側の軸足にしっかり体重を乗せ、前方移動時に「タメて残しておく」ことが、理想的なタイミングで「3つ目の三角形」をつくる条件になる。

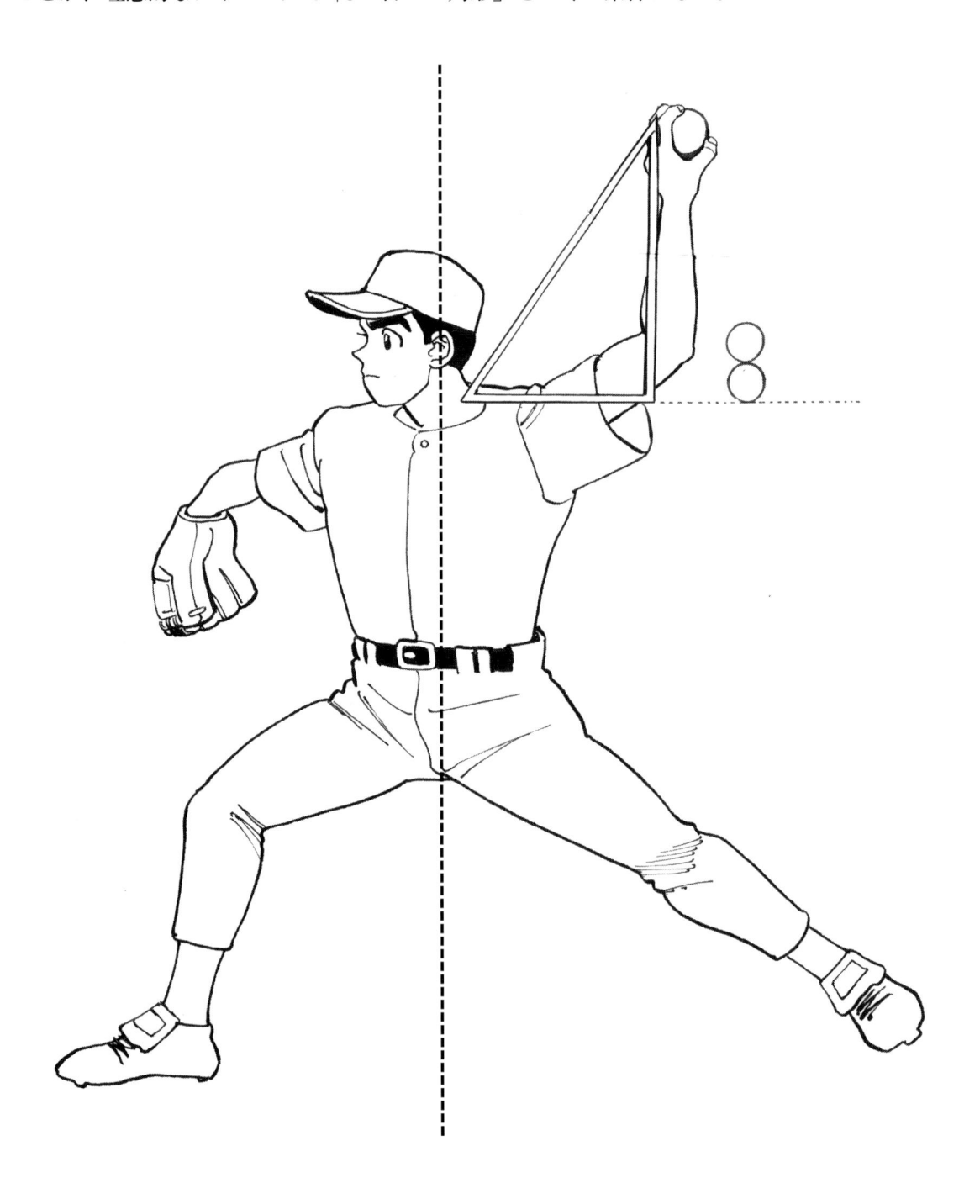

（3） 3つ目の「三角形」

　下の円の回転をさせながら重心が乗っていく着地側の膝がつくる三角形である。

　着地側の脚の膝は「90度」を保つ（当然だが、膝から下は地面に対して垂直になる）。この膝の角度は「高低の制球力」を司り、90度以上になるとつっかえ棒のように重心を後ろに跳ね返してボールを高めに浮かせてしまう。逆に90度以下だと重心を支えきれずに上体が前かがみになってボールが沈んでしまう。また、身体の「しなりの度合い」を決め「球威の有無」を左右する。

「着地側の膝が90度」となった時、そこを回転軸の起点にして「上の円」が回転していく。この時に「胸の十字架」が膝の上に乗るようにして、投球方向と正対する。こうして「3つ目の三角形」を使って、先の「2つの円」は回転速度を高め、つられて腕の振りも速くなり、球威を増していくのだ。

　以上のように、「3つ目の三角形」がうまく作れないと「2つの円」も正しく回転しない。両者は不可分の存在である。

　この5つの図形が正しくできると、球威、制球力ともついて、変化球も切れてくる。

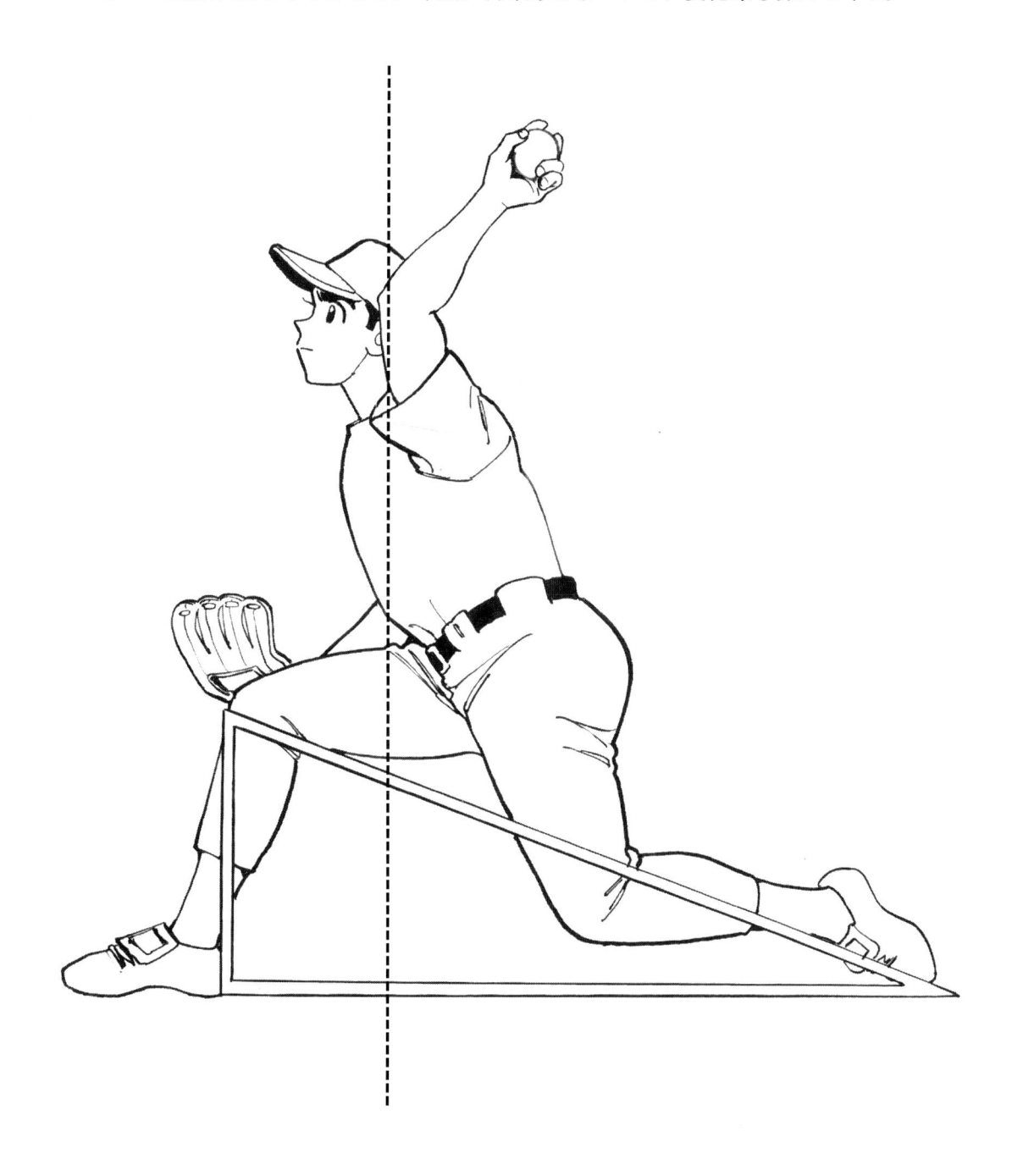

(4) コーチが目で見るチェックポイント

＊A…ダウンの状態
　プレートの上に重心が残っているか。
＊B…トップの状態
　前足の着地とトップの位置は一緒のタイミングか。
＊C…リリースの状態
　ボールを離す位置が常に一定しているか。

トップ
B
C
A ダウン

第四章

5つの投球動作

ボディスイング

　ボディスイングはピッチングの起点であり、この部分を間違うと、一連の「円運動」としてのピッチング動作に狂いが生じる。

　このボディスイングは投球動作の前段階、あるいは緩やかに動きを始めた段階なので、正しい知識と意識をもてば、だれでも理論通りのフォームが可能となる。しかし、最も見落としやすいチェックポイントでもある。

（1）プレートの踏み方

　プレートとは横61cm、幅15cmのゴム板であり、その踏み方は下記の5通りに分かれる。まず、あらゆる踏み方の基礎となるのは、ホームベース方向の延長線を0度とすれば、プレート側の軸足は必ず90度となることである。これは投球だけでなく、野手のスローイングでも重要なこと。90度を保つことによりスローイングに必要な力がタメられ、重心移動もスムーズになるからだ。

①ワインドアップする時に、両足のつま先をホーム方向に向け、次にプレートを踏む軸足を90度の位置に合わせる。

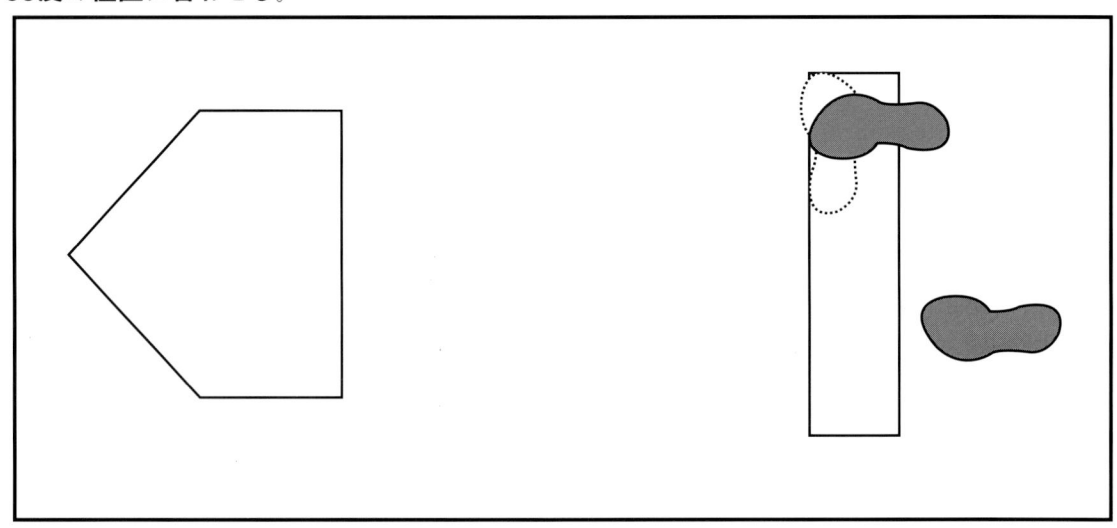

②セットポジションで、最初から90度の位置にプレートを踏む軸足を置く。

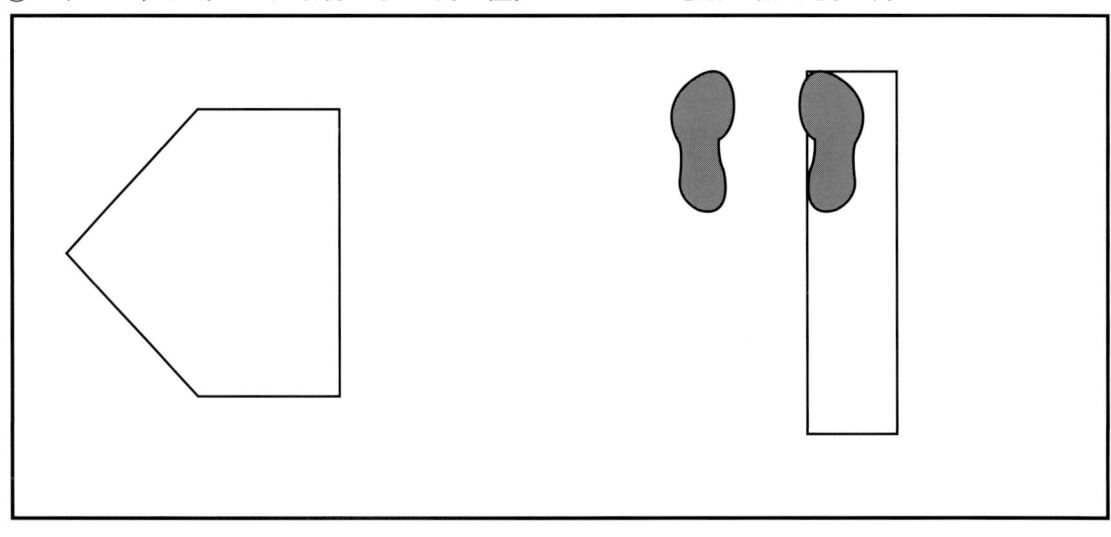

③ワインドアップを起こす時にも、①のようにプレート側軸足を予め90度の位置に置く。

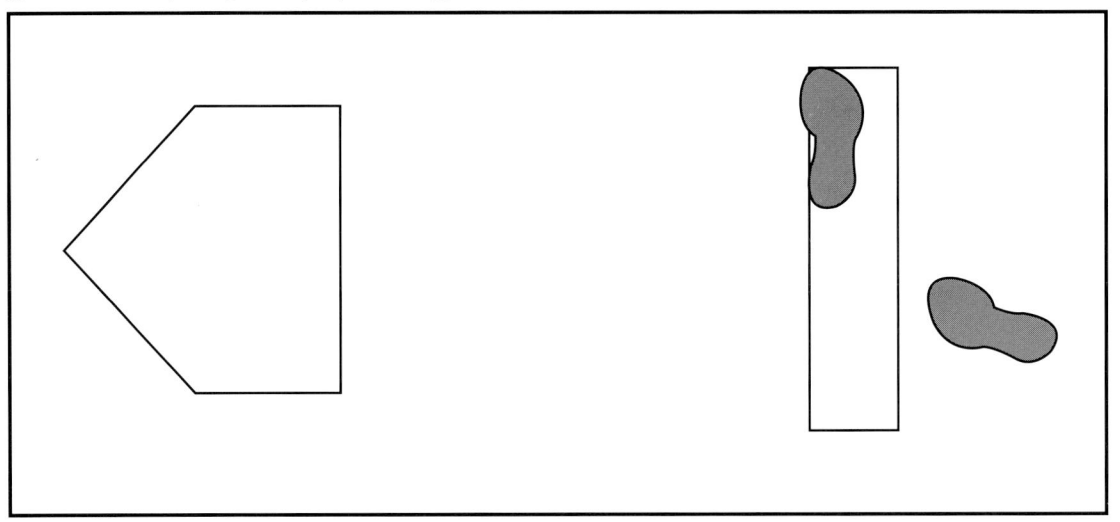

④テークバックが背中側に入る投手などに有効な踏み方として、つま先がホームの方へ5センチぐらい入った位置に軸足を置く。バックスイングが自然と小さくなり、両肩が投げる方向に対して平行となり正しいボディスイングとなる。

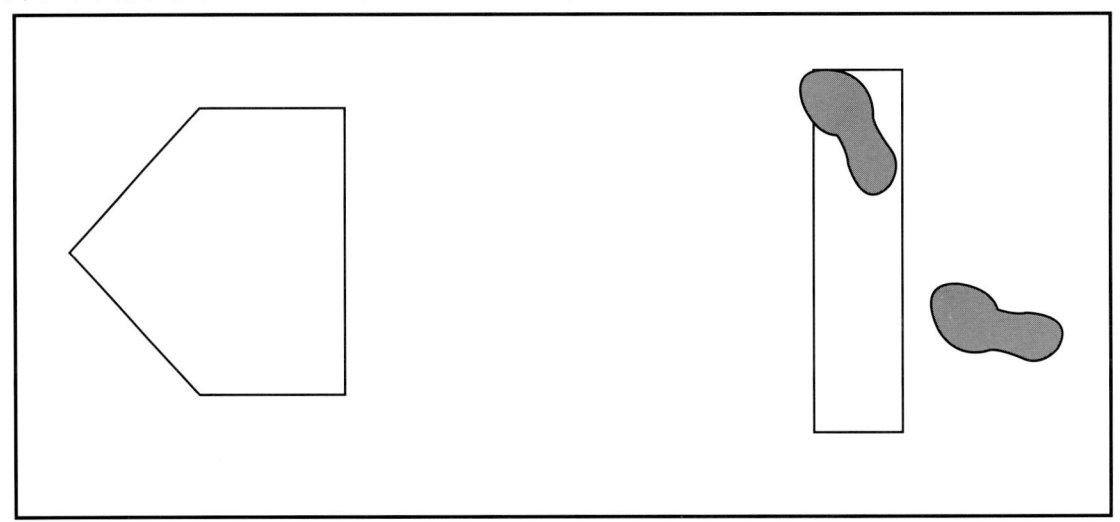

⑤プレートを踏む軸足を予め斜め45度に置き、始動と同時に90度の位置にそろえる。

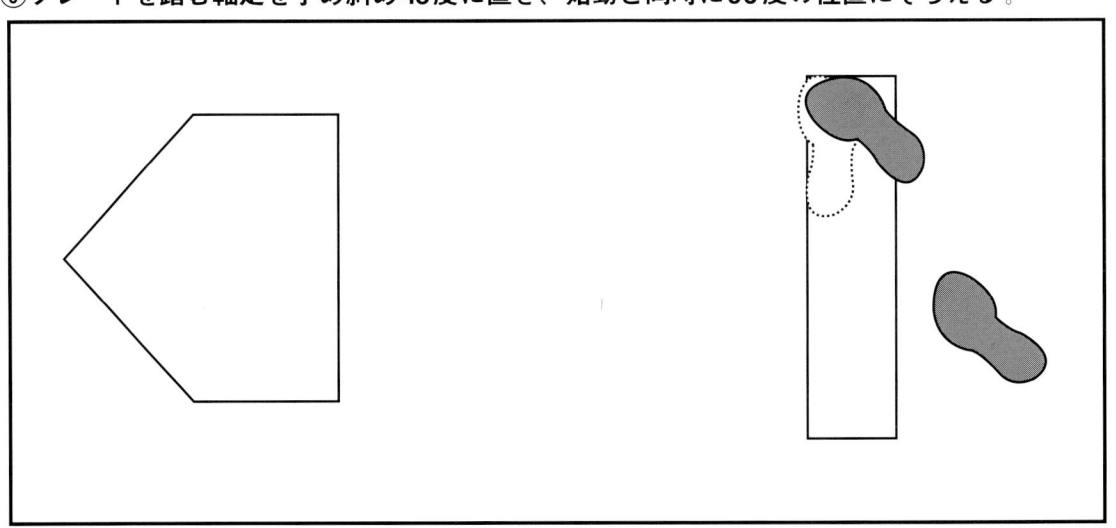

どの踏み方が適当かは一長一短があり、どれが正しいとは断言できない。

①〜⑤の5種類の方法の中で、バランス、リズムのとれない初級者は②が適している。足の踏み込みや振りかぶるなどの動作がないために、重心移動がしやすいからだ。普段はワインドアップの投手でも、バランスの悪い時や制球力がつかない時などには、このポジションで投げるのがいい。

私の経験上、正しいフォームを身につけるためには、まずセットポジションから投球練習することを勧める。最初に最も動きの少ないこのセットポジションで、正しい重心移動や、身体の使い方を体得し、より球威の出るワインドアップへと変えていく方が、レベルアップの近道となるからだ。

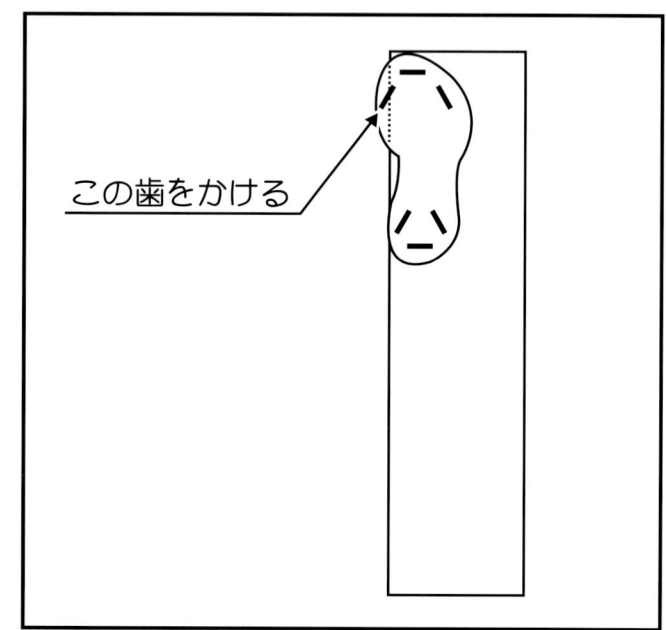

15cm幅のプレートの、どの部分に足を乗せたらいいのか。

最近では、プレート板の前に軸足を置く投手も多いようだが、理想としてはプレート板上に置きたい。プレート板上に乗せる時は、スパイクに付いている内側の歯がちょうどプレート板の縁に並行にかかる程度に置くのが理想的である。

プレートより前の土に軸足を置くと、土が柔らかかったり、ぬかるんでいる場合に、非常に不安定となる。また、相手投手の掘った窪みに違和感を持つことも多い。プレート板に足を乗せればこのような影響は全く受けないのである。

また、プレート板とその前の土の部分では高さが5〜10cm違ってくる。きちんとプレート板上から投球するクセをつけておけば、オーバースロー投手にとって絶対的に優位な"高さ"を得ることもできるのだ。全く同じ力量を持っているとしたら、175cmの投手と180cmの投手のどちらが有利かは、明らかだろう。

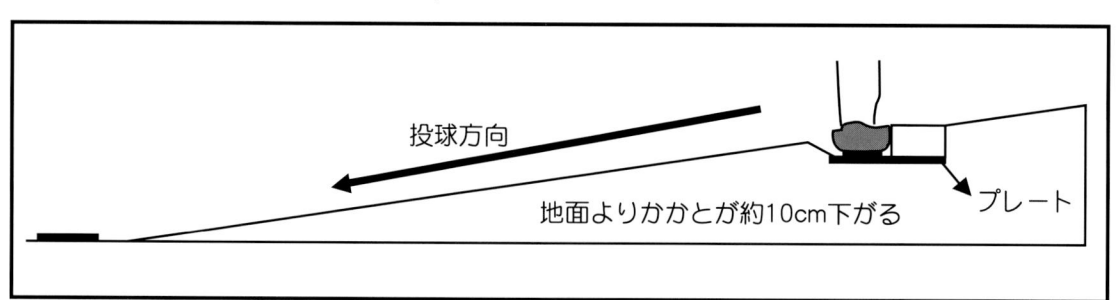

ただし、雨が降っている時など、プレート自体が滑りやすい場合、その前の土の部分に"避難"することも大切になってくる。

（2）バックステップする足の位置とボディスイングの関係（右投手）

プレートを踏む軸足に対して後ろに置く足の位置は、ボディスイングの大きさを決める。

ボディスイングの大きさは、以降の投球局面において現れるスライドの幅、ピボット時の腰の回転角度、さらには投球する腕の角度に影響を与えるため、いかに重要なポイントであるかが分かる。

プレート側の軸足から、握り拳1つ（約8cm）の間隔で、プレート上（右投手ならホームに向かって左側）に5本の線を引く。

オーバースローの投手なら①〜②の位置に置く。すると身体の前面は、「投球方向に対して正対」することになる。この体勢からプレート側の軸足をピボットして身体を90度回転（右投手の場合、三塁方向に正対）させボディスイングする。

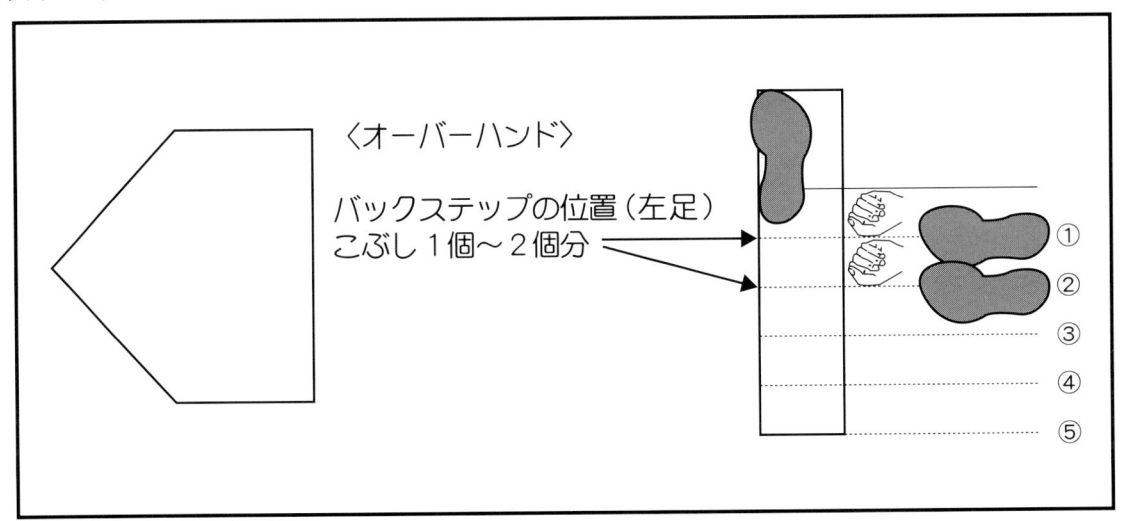

〈オーバーハンド〉

バックステップの位置（左足）
こぶし1個〜2個分

両足が離れている④〜⑤の位置だと身体は自然と横回転になりやすく、ボディスイングが大きくなりサイドスローやアンダースローに適している。④〜⑤の位置にバックステップする足を置き、そこから軸足のピボットで脚を上げてくると、着地側の脚がプレート側の軸足に大きく交差し、腰が横回転となるからだ。

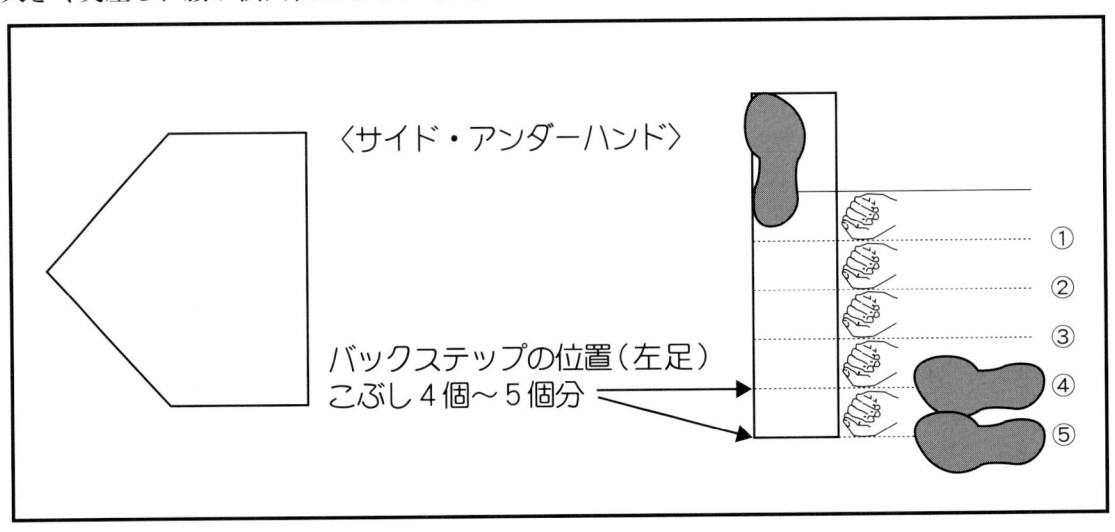

〈サイド・アンダーハンド〉

バックステップの位置（左足）
こぶし4個〜5個分

アマチュア野球の現場では、オーバースローなのに③〜⑤の位置にバックステップするため、プレート側の軸足に重心が充分乗り切らず、サイドスローのように腰を横回転させて、ボディスイングを大きくし過ぎる投手が多い。

このようなアンバランスなフォームでは、試合中に突如として球威が落ちたり、真ん中にボールが集まったりするといった欠点を常に抱えてしまう。

（3）着地側の脚の上げ方

オーバースローでは、身体のセンターライン（中心線）に沿って高く脚を上げる。その方がプレート側の軸足にしっかりと重心が乗り「タメ」られるからである。

この時にセンターライン（中心線）がきちんと決まれば、それ以降の「ストライド」「ボディピボット」「フォロースルー」と、安定した体重移動と鋭い回転を得ることができる。「着地側の脚の上げ方」は、まさに投球の生命線とも呼べる重要なポイントである。

プレート側の軸足のかかと（A）、着地側の脚を上げたときのひざ（B）、着地側の足の着地点（C）の3点を角とする三角形ができる。第三章で述べた「3つの三角形」の1つである。この三角形の面積が大きいほど、重心移動をスムーズにし、球威が増し低めに制球しやすくなる。

したがって、着地する脚の位置を高くし、三角形の面積をより広げることで理想的なフォームとなる。

また、脚を高く上げるほど「下がる」という反作用が働くため、ステップ幅は狭くなる。スライド幅が小さいと、リリースの位置が高くなるため、ボールに角度が出る。オーバースローの投手は、脚を高く上げるほど、理想のフォームに近づくのだ。

そもそも脚を上げるのは、上げた反作用を利用して重心移動を容易に行うためである。ところが、よく見受けられるのは、バックステップした足の蹴りが強すぎて（大腿四頭筋に力が入りすぎて）、プレート側の軸足に重心がしっかりと乗らず、身体のセンターラインを崩したまま投げるケースだ。

このような過ちを犯さないためにも、（オーバーハンドを例とする）次のような動きを覚えよう。

◆プレート上で投球方向に向けて両足をそろえセンターライン（中心線）を意識する。
◆バックステップは「①〜②の位置」に小さく（肩幅程度）おこなう。
◆プレート側軸足をプレートと平行になるようにピボット（回転）させると同時に足裏で地面を押さえ、その反作用を主導にして脚を上げる。

試合中、投球数が増え疲れてくるとプレート側軸のタメ、つまり股関節を中心とした膝足首のバネが不足してきて、それをかばうために「90度に固定していた足の位置がずれてくる」ことがよくある。また、試合に没頭して投球に力みが出てくると「足もと」を忘れやすい。

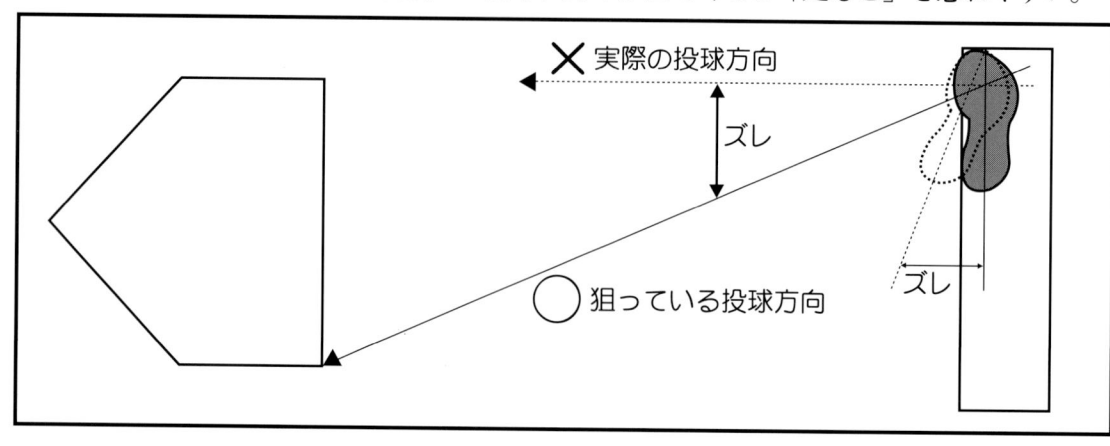

その結果としてスライドの幅が広くなって低めへの制球が甘くなり打たれやすくなる。日頃から股関節を中心に膝、足首の柔軟性と強化を怠らないことと、高低の制球が狂ってきているときは、プレート側の軸足の位置とスライドの幅をチェックすることによって、即座に制球力を取り戻すことができる。

「すべては足もとから」ということを忘れぬことである。

ストレッチとスイングアップ

　ストレッチは上半身の大きな円運動を始めるきっかけとなる「アンダーの位置」、スイングアップは加速的なスイングダウンを開始させる「トップの位置」を作る働きをする。（２つ目の三角形）

（1）投球腕の円運動

　投球腕の円運動は、ストレッチ、スイングアップ、スイングダウン（リリース、フォロースルーを含む）の３つによって構成されている。

まず、ストレッチは「丹田」の位置で腕を割ってから「肩から腕をつり下げるようにリラックス状態」でプレート側の軸足の近く、または「プレート上」に、ボールと腕の重さを感じて「だらり」と保持する。
　また、ストレッチは、「タメ」と対応する動きである。
　このときに、右手を背中側へ引く選手が多いが、「ストレッチ」の部分を省いた「投げ急ぎ」の結果である。
　これではトップの位置まで上がらないうちに手首が返ってしまい、**肘は肩の線より下がって投球方向には向かわない**。いわゆる「肩を担ぐ」投げ方で、ボールは伸びないどころか、肩や肘を痛める原因となり易い。
　スイングアップは「だらり」の状態（写真）から、重心の前方移動をきっかけに肘からつり上げて「トップの位置」まで加速的にスイングさせていく。

　右肘を頂点に、肩のラインとボールを握る手が「90度をつくる位置」が「トップ」であるが、ここでは掌（ボール）がセンター方向を向く。

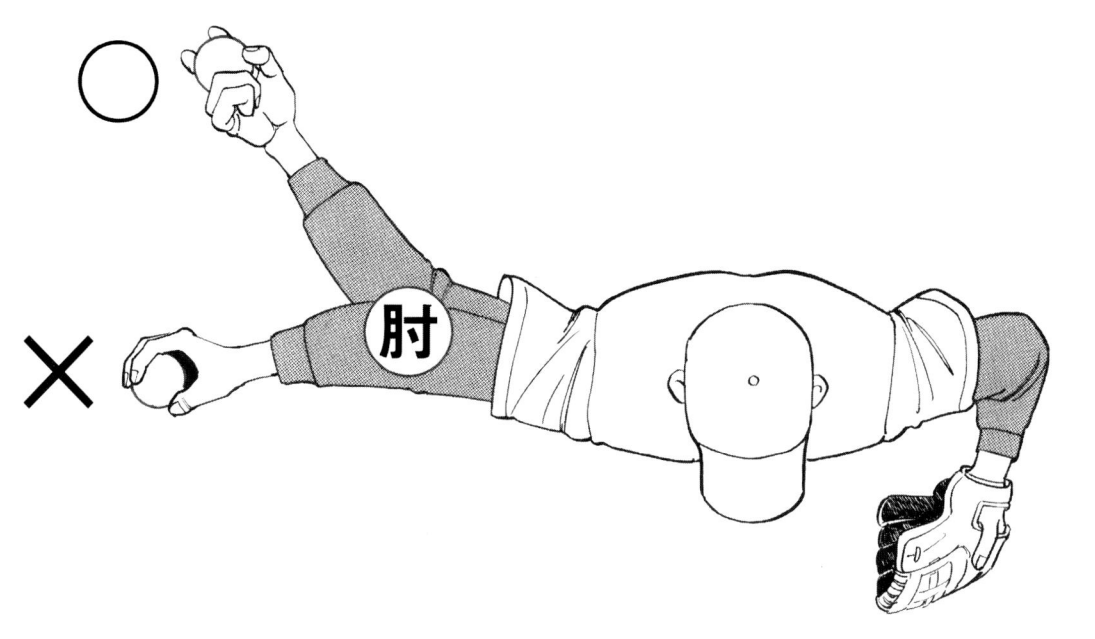

もし、スイングアップが背中側に入りすぎて掌（ボール）が二塁ベースの方向に向いていると、ホームベースへ投げ込むには無理な状態となって、肩や肘の故障につながるだけでなく、制球力も付きにくい。

（２）投球時における両腕のバランス

　第七章の、２つの投球リズム「低重心投法」の項で、「着地側の脚の着地直前における投球側の腕は、アンダーの位置にあることが球威とコントロールを高める条件である」と述べる。そこで、グラブを持つ側の腕は、投球側の腕に対して、どのようなバランスの関係があるか考えてみよう。

　この編の「グラブを持つ腕の使い方」でも説明するが、「丹田」の位置で割れたグラブ側の腕は、投球腕に対して「素早いタイミング」で打者方向にスイングさせるのである。これによってボールを持つ腕の「アンダーの位置がキープされ、腕が遅れて出てくる」という間をつくることが可能となる。

　両腕の関係は「グラブ側の腕が先行し、遅れてくる投球側の腕をリードする」ということにある。端的に言えば「グラブ側は早く、投球腕は遅い」というアンバランスの関係である。この関係が第七章で述べる「２〜」のリズムを生み出すのである。

（3）グラブを持つ腕の役目

①グラブを持つ腕は、上の円の回転をスムーズにさせる。
②グラブの人差し指と中指の間から（小指は上方向）投球の目標を置く。
③グラブを持つ腕のひじか、肩越しに投球の方向を定める。
④グラブの捕球面で、打者の目からリリースポイントを隠す。

（4）グラブの使い方

①「腕の割れ」（重心の前方移動開始）と同時に小指側が上になるようにして打者方向に素早く伸ばす。そして、重心移動、着地側の脚の着地にタイミングを合わせてグラブを背後に引き寄せ、これを回転のきっかけにする。

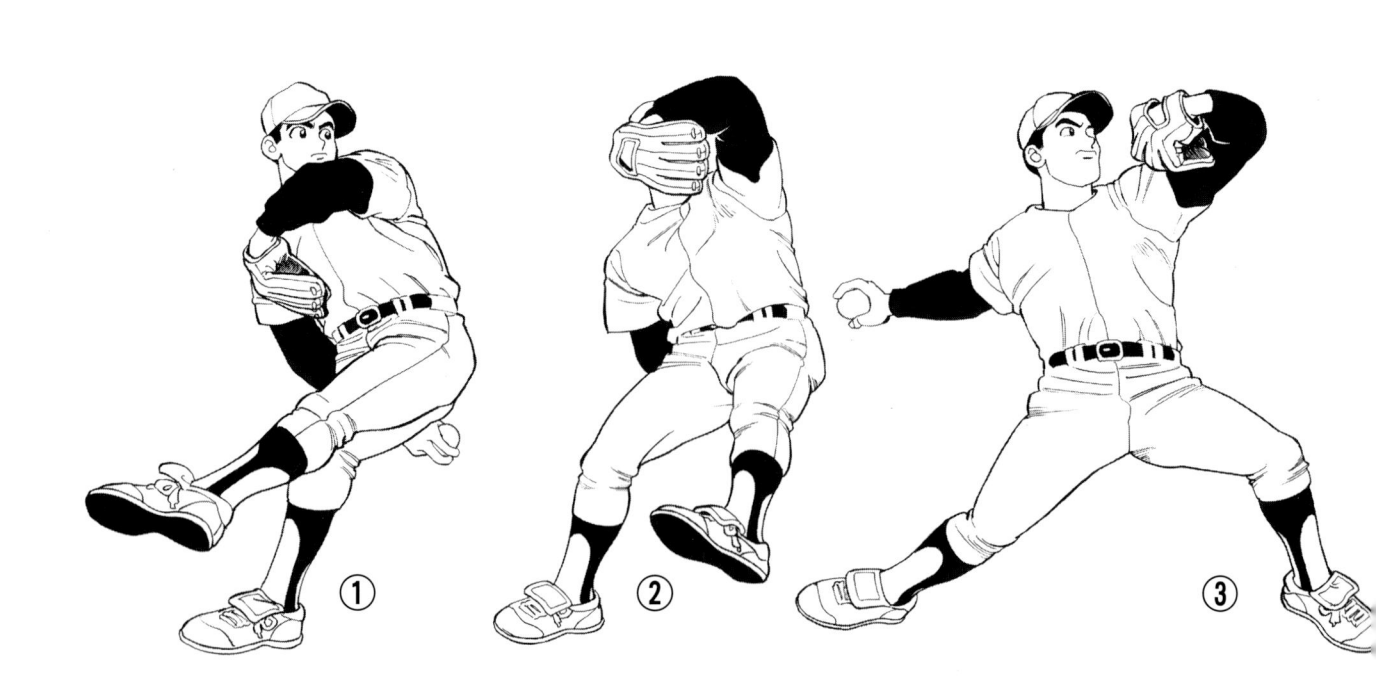

②伸ばしたグラブを巻き込んできて左の胸で抱きかえ、そこを回転のきっかけにする。

③伸ばしたまま左膝の横に置き、これを回転のきっかけにする。

④野茂（ボストン・レッドソックス）の場合は、グラブを持つ腕を曲げたまま肘を捕手方向に向けている。グラブを着地側の脚の膝横におき、そこを回転のきっかけにしている。

いずれのタイプにおいても、「投球側の腕をリードする」役目を果たす。

スライド

（1）スライドの意味

　スライドとは、プレート側の脚が重心の送り出しの「きっかけ」をつくり、着地側の脚が着地点に向かって「ゆっくりと静かに滑るように」移動して「軟着陸」することである。

　一般的には「踏み出し」（ステップ）という言葉で表現されているが「踏み出す」動作は、プレート側にあった重心が前方移動を始める結果としてあらわれるのであって、「踏み出し」が先行して重心を移動するのではない。

　「歩く」「走る」を例にあげて分析してみると、**片脚加重で軸となっている側の脚によって、重心を前方へ送り込みがあってはじめて、もう一方の脚が振り出され地面を「踏む」のである。**

　重心移動の意味も含んだスライドは、下半身による「小さな円」の運動の起点となり、着地する脚が3つ目の三角形を形成する。「2つの円と3つの三角形」という理論から、非常に重要な箇所である。

　重心の前方移動によって球威、コントロールが決定されるといっても過言ではない。

　「タメ」をつくって、ゆっくりと静かに滑るようにスライドする。2つの投球リズムのひとつに「1、2〜」の動作がある。

（2）スライドの方向

　右投手は、軸脚に重心を残して「タメ」ながら下半身の円回転と、それに追随する上の円回転を増すために左足をスライドさせる。このスライドの方向が要で、着地の位置を間違えると、どんなに素晴らしいフォームでも、投手の生命であるコントロールはつかない。

スライドの方向は、プレート側の軸足の内側くるぶしから、コントロールの基本であるアウトコース（厳密にはホームベースに向かって左側の角）とを結ぶライン上に着地するのが基本となる。
　この着地の方向については、次の3つの段階を経てレベルアップしていくのが好ましい。

◆第1段階
プレート側軸足の「カカトとアウトコース」線上に、ややオープン気味にステップすると外角のコントロールがつきやすく、腰にも負担がかりにくい。

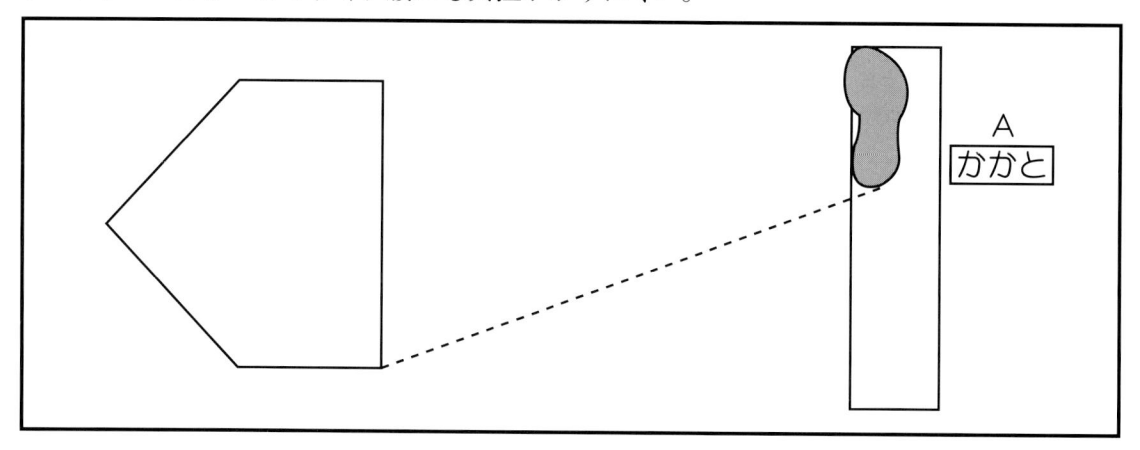

A　かかと

◆第2段階
　体力がつき、体の切れが出てくるにしたがって、最初に説明した「くるぶしとアウトコース」を結んだ線上に着地する。

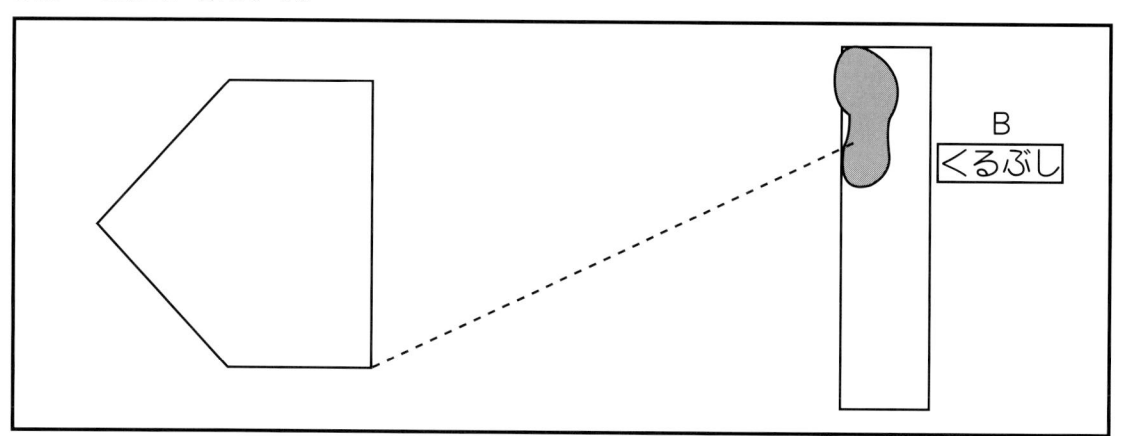

B　くるぶし

◆第3段階
　軸足の「拇趾丘とアウトコース」を結んだ線上へ着地する。

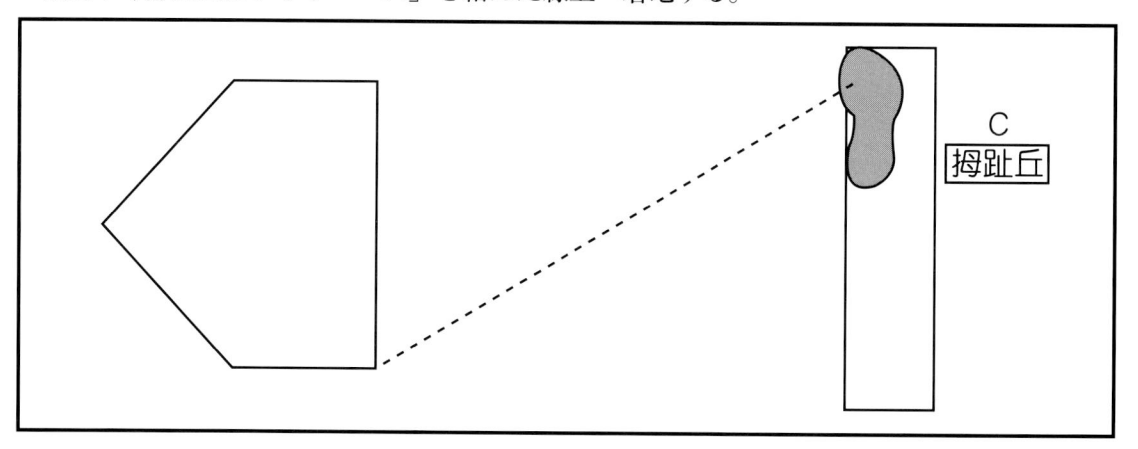

C　拇趾丘

◆第4段階
　この着地はややインステップ気味となり腰を回転する範囲が広がるため、充分回転することができれば球威を増すことができる。
　しかし、つま先は体力がないと球筋が乱れたり体の故障の原因となる。

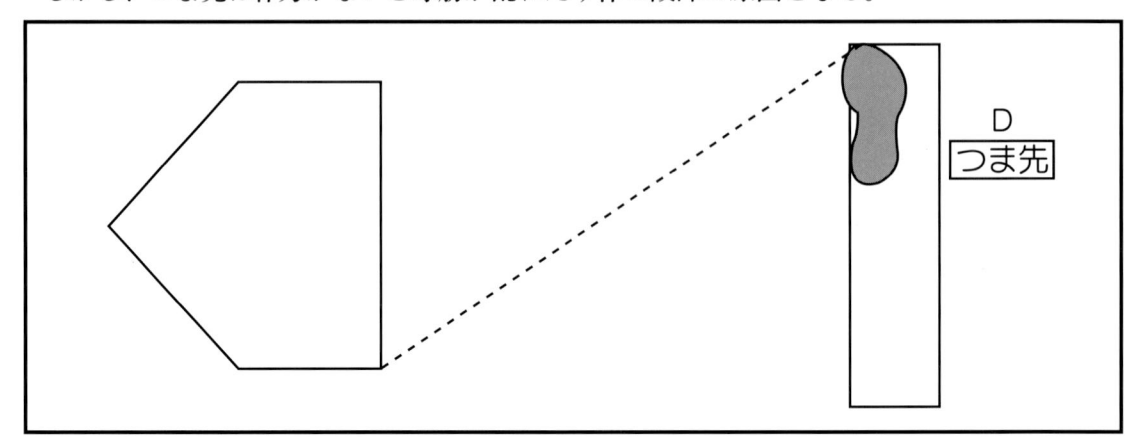

（3）スライドの幅

　スライドの幅は、体型や、体の硬い柔らかいなどの体質によって異なるが、一般的に5足から7足の間でとる。
　スライドの幅が広すぎると体重移動がしにくくなり、腰の位置が下がるためプレート側の軸足のひざが地面につき、下半身の円運動と着地側足の三角形がくずれてしまう。逆にスライドの幅が狭すぎると球威の源となる「しなり」が不足し、上体任せの投法となる。
　一方、サイドやアンダースローの投手は、球道が低ければ低いほど有利になる。したがって、重心を下げて浮き上るような速球を投げるためにはスライドの幅を広めにとる。

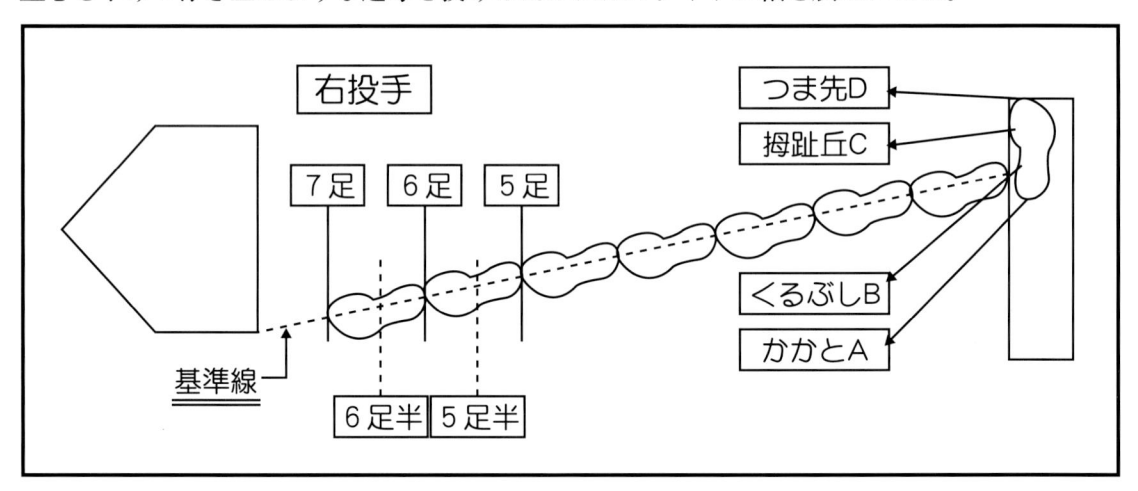

（4）スライドにおける注意点のまとめ

①プレート側の軸脚に「タメ」をつくって保持し「ゆっくりと静かに滑るように」重心を移動していく。
　「ゆっくり」のタイミングが、打者のタイミングを崩すとともに、投球リズム「2〜」を生み出すのである。
②右投手なら、左脚の役目は着地する方向に重心をリードするのであって、決して「踏み出す」のではない。
　「フリー状態」をつくり出すことが正しいスライドの方向とステップと着地後の「90度の膝の角度」をつくることを可能にする。
③着地後の膝の角度は、90度が理想である。

「90度の膝の角度」をつくることは、プレート側の軸足に「タメ」られた力と体重が「90度の膝」に向かって「乗っていく」条件をつくることにあり、「上から」「下へ」と重心が移動しやすくするためである。

また90度の膝の角度は「球威」の源となる体の「しなり」を最後まで保持すると共に回転軸が鋭く回転するためのバネの作用を大きくして「2つの円運動」の加速を高めるためでもある。

着地した膝が突っ張ったり、沈みすぎたりすると「下の円運動」が完成しないため「上の円運動」は小さな直線的な円運動になってしまう。その結果、腕と手首だけで投球することになって、リリースは「ホームベースから遠い」位置で行われ球威もコントロールも思うようにならないのである。

ボディピボット

ボディピボットとは、「3つの三角形」の最後の三角形がつくられ、それを軸に「2つの円（大きな円と小さな円）」が加速度的に回転することをいう。ピボットによって「トップの位置」からスイングダウンが開始し、リリース、フォロースルーにいたる局面をいう。

（1）ボディピボット時の重心移動

「2つの円」が加速的に回転するための投球動作の最終局面について説明しよう。

プレート側の軸足から着地側の脚へ、素早く粘り強い重心移動を行うことによって、上半身、下半身ともより鋭い回転力が生まれる。ここでの重心移動とは、先の「スライド」の項でも説明した、「ゆっくり静かに地面を這うように」スライドしてきた重心移動の前半部分が終え、「素早く重心を移動」して「着地〜回転」の動作を伴う後半部分を指す。

このフィニッシュの部分を素早く、力強く行うには次の3点に留意しよう。

①着地寸前までは、プレート側軸足に重心を残し「タメ」てゆっくり重心移動をおこなう。決して上体を投球方向に突っ込まない。「2〜」のリズムの前半を保持し投球腕はまだ「アンダーの位置」にある。

②着地する時マウンドの傾斜を利用して「着地側の脚の踏み込み角度に素早く重心を移動させ」、それに伴って加速的にスイングアップして「トップの位置」をつくり、ピボットの体勢に入る。

③プレート側の足の蹴り離しと同時に「踏み込んだ着地側の脚を回転軸」にしてボディピボットさせ、リリースする。

（2）ボディピボット時における「2つの円（腰の回転角度と腕の出口）」と角度の関係

ボディピボットにおいて「小さな円」と「大きな円」が加速的に回転するには、第三章「2つの円運動と3つの三角形」の「下の円の優位性と2つの円軌道の角度」の項で述べたように「2つの円が同じ角度で回転する」こと、つまり「腕の出口と腰の回転角度は同一」である必要がある。

そのためには、その前の2つの局面である「着地直前の位置」と「トップの位置」、さらに「前脚に乗っていくとき」の2つの円が同じ角度になっていることが前提となる。

①「着地直前の位置」における2つの円の角度

まず、着地側の脚が上がった時は、2つの円は地面に対して平行である。

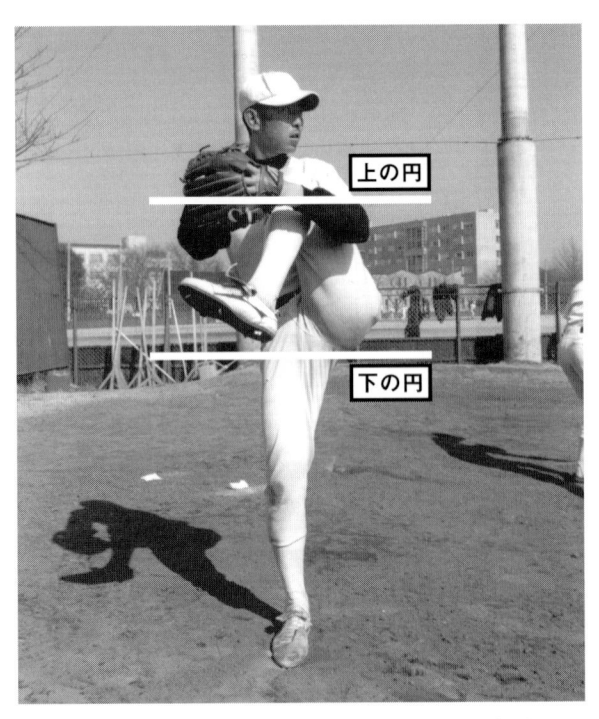

その状態からスライドして着地直前の「2つの円」は、同じ角度でプレート側が少し下がっている。つまり上の円と下の円は常に同一角度である。

② 「トップの位置」における2つの円の角度

このときの2つの円は、「地面に対して水平」になっている。

中心線が両足のちょうど中間にあり、充分しなりがあるかどうかである。しなるトップをつくるための重要な3つのポイントは
＊腕のキープ（下丹田で保持する）
＊プレートの上で両手が離れる（割れ）
＊スイングアップ（重心を前足に移し始める動作）

③「ボディピボット時」における2つの円の角度
　2つの円が同角度になるには、下丹田をできるだけ着地側の90度になっている膝に近づけ、トップの位置でつくったしなりをキープしてスイングダウンの体勢にはいることが必要である。

　いわゆる「胸の張り」が最大限になった状態で、着地側の回転軸に「下丹田が完全に乗っていってボディピボット」することが大切。これによって「腕の出口と腰の回転角度が同一」の理想型を生む。

（3）リリース直前の肘の使い方

　ボールを握る方の腕が伸びてしまっても、曲がりすぎてもボールは威力がなくなる。肘関節の使い方によってボールに威力を与えることができる。
　トップの時、「90度プラス、ボール2つ」になっていた肘の先にあるボールは、ピボットにともなって求心力が働き、いったん中心線に近づく。
　さらにピボットされ投球方向に身体が正対し始めると、今度は遠心力が働いて肘を中心に加速的にスイングされてボールが離れる。
　「スピードとキレ」を兼ね備えた「球威」を出すためには、理想とする肘の使い方が求められる。
　右投手を真横の三塁側から見たとき、投球方向に対してリリース直前では、肩より肘が、また、肘より手首が後ろに残り「しなり」が充分でなければならない。

リリースでうまく肘が使えるかどうかは、「ダウンの位置からのスイングアップ」と重要な関係を持つ。

「スイングアップ」の時に手首を早く返して掌を真上に向けてしまう投手は、リリース前に肘が伸び切り、三塁側から見た時に手首が肘と一緒になっている。腕が伸び切ると、バックスピンがかからずに伸びのない、いわゆる「棒球」になる。

スピードガンでは相当な数値をはじくのに、打者には簡単にミートされるという投手はこのようなタイプが多い。

（4）インコースへの投げかた

コースは、外角低目、外角高目、内角低目、内角高目、の4つになる。（対角線）

右打者に対する右投手は外角低目のコントロールが基本。次のステップとして「内角」へ威力のあるボールをコントロールするのが課題である。

〈高低のコントロールのつけかた〉

「着地側の膝の角度で調節する」方法が最も狂いがない。

つまり「トップの位置から90度の膝に丹田が乗っていく」ことが低めに威力のある球を投げる秘訣であり、高めに投げるには、トップの位置は同じにして、丹田が乗っていく「膝の角度を少し大きく」することである。

〈内角のコントロールのつけかた〉

「外角低め」をコントロールできるようになった投手が「内角」を狙って投げる際に、最も陥りやすい失敗がある。「外角低めと同じ投げ方で内角に投げる」ために威力のないボールが真ん中へ行ってしまう、即ちシュート回転気味になってボールが抜けるからである。

スライドの項で述べたように、コントロールをつけるには「スライドの方向」と「歩幅」が大切なチェックポイントである。

結論から先に述べると、内外角を投げ分けるとき、「スライド」の方向と「歩幅」は同じにしてピボットのタイミングの変化によって内外角を投げ分ける方法が最も狂いが少ない。

フォロースルー

「2つの円」運動の過程で「3つの三角形」が形成されて、投球動作が終了する。

スキーのジャンプや体操競技の着地が、競技プレーのフィニッシュとして重視されているように、投球においても重要なチェックポイントとなる。

（1）理想的なフォロースルーとは

100mを全力疾走してゴールテープを切ったランナーの姿には、徐々に減速していくすがすがしさを感じさせる。また、お寺の鐘でもしっかりと打った時には波を打つような余韻を残す。これと同じように、フォロースルーを見れば、どのような投球が行われたかが即座に分かる。

つまり、それまでの投球動作が、フォロースルーに凝縮されているからである。

右オーバーハンドの場合、丹田が左脚に完全に乗り切り、鶴が一本脚で気高く立っているような状態が理想的である。理想的なフォロースルーが出来ていると、ボールは自然にアウトコース低めに切れよく決まる。フォロースルーのチェックポイントをまとめよう。

①頭は左脚の真横平行線上にあるか。

　スイングダウンされてきたスナップは、捕手から見て右肩胛骨の部分が見えるぐらい左脚の膝裏まで引き込んでいる。

②プレートを蹴りはなした右脚は、左膝近くまで引きつけているか。

そのときの足は尻の高さにあり足裏は三塁方向に向いている。サイドやアンダーハンドはオーバーより低い位置に引きつけられている。特にアンダーは地面をするぐらい低い。サイドはオーバーとアンダーの中間の高さがよい。

③左脚を回転軸にするとき、地面からのエネルギーを左足裏、左脚を通じて環流し、「丹田」に収束する意識を持ちたい。

また、投手には「5人目の内野手」としの役割もある。左右にブレたり、前に突っ込む、腰が引けているようなフォロースルーでは、守備への備えが間に合わなくなるだけでなく、打者にとってハッピーゾーン（ホームランボール）に行く確率が高くなってしまう。

このように投手は「ボディスイング」から「ボディピボット」までの、どこにむだ、無理があるのか、また、対策としてどのような意識を持てばよいのかをチェックする必要がある。

第五章

バッテリーが必ず知っておきたい大切な知識

ルール

(1) ストライクゾーン

選手にストライクゾーンを聞くと彼らは「高めのストライクゾーンは胸のマーク」とか「肘の下」と答える。投手も捕手も正確な答はなかなか出て来ない。

実際にはルールブックを見れば現在決められているゾーンが記載してあるが、ここでも記述しておこう。

> 野球規則2・73［ストライクゾーン］
> 打者の肩の上部とユニホームのズボンの上部との中間点に引いた
> 水平のラインを上限とし、膝頭の下部のラインを下限とする本塁上の空間をいう。

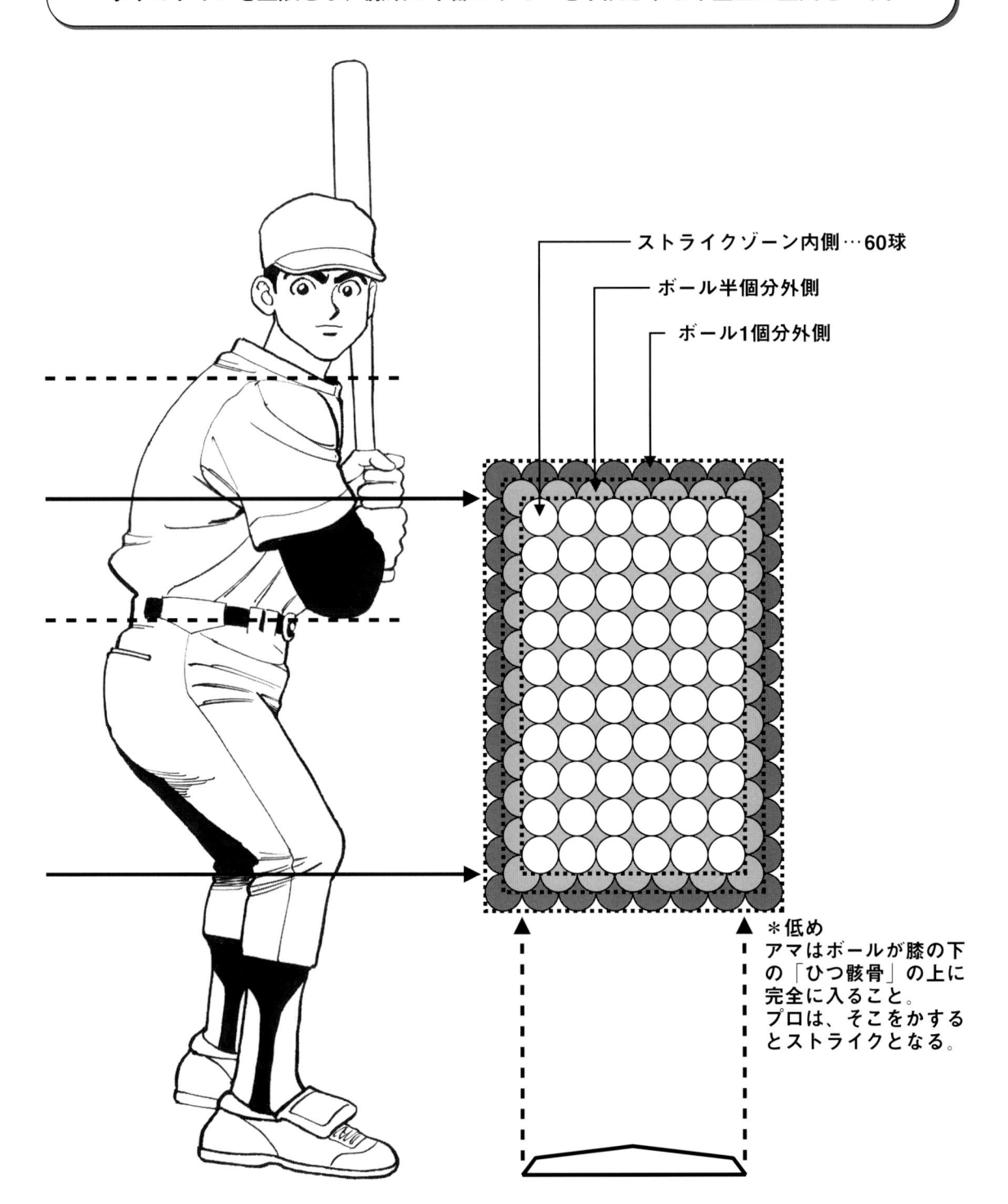

- ストライクゾーン内側…60球
- ボール半個分外側
- ボール1個分外側

＊低め
アマはボールが膝の下の「ひつ骸骨」の上に完全に入ること。
プロは、そこをかするとストライクとなる。

（2）バッターボックスの大きさ

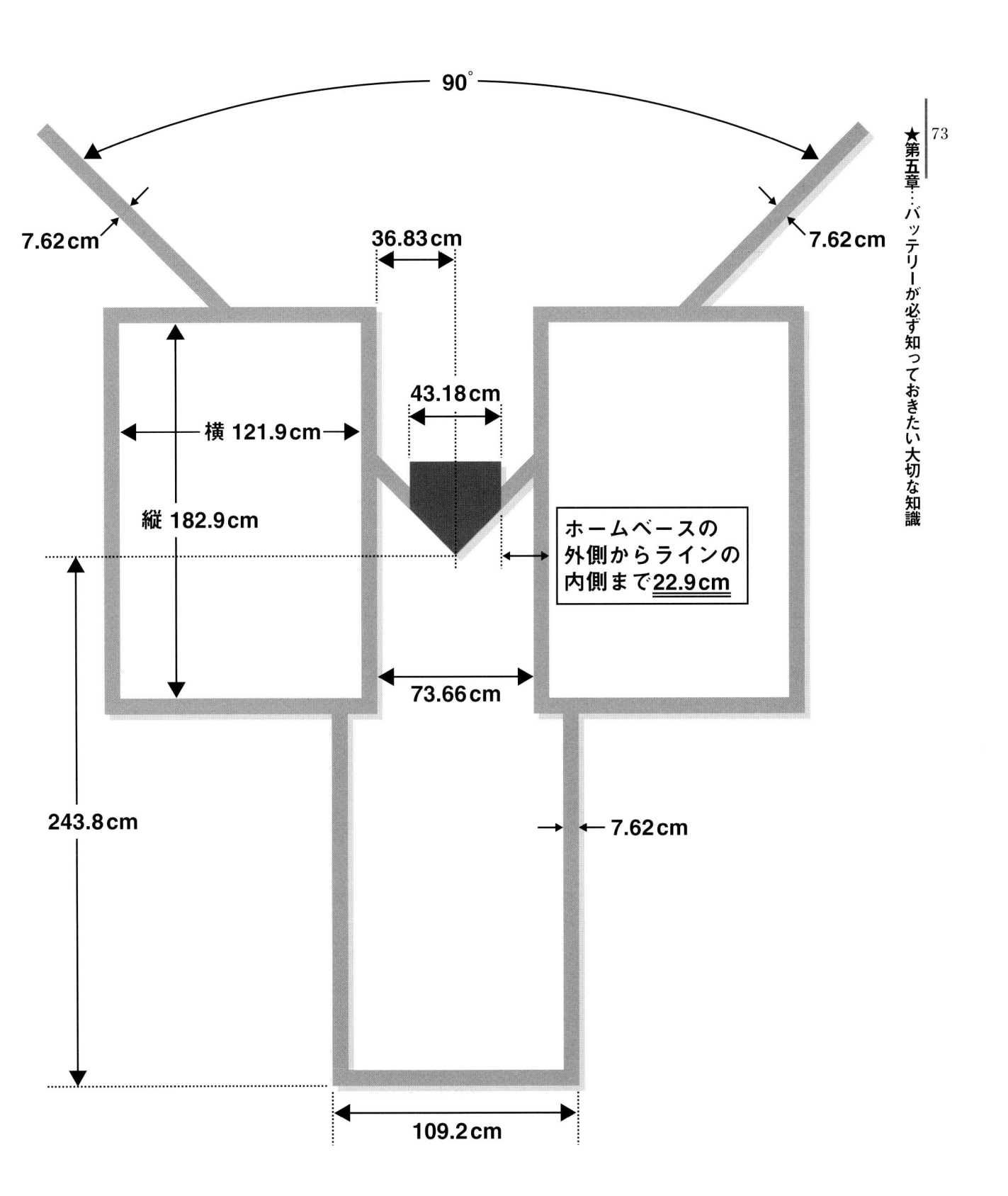

- 90°
- 7.62cm
- 7.62cm
- 36.83cm
- 43.18cm
- 横 121.9cm
- 縦 182.9cm
- ホームベースの外側からラインの内側まで **22.9cm**
- 73.66cm
- 7.62cm
- 243.8cm
- 109.2cm

ボールの握り方・手首の使い方

　投手として一番必要なことはボールを握る手を鍛えることである。ここでいう"鍛える"のは、いわゆる握力・握る力ではなく、圧力・抑えつける力なのである。

　試合の中盤から後半になるとボールが高めに浮きだし、連打されるケースが多くなる。このコントロールの乱れは、指の圧力が落ちることに重大な影響がある。

　握力とは、あくまで拳を握る力であり、ボールを抑えつける指先の圧力とは別である。これまで、握力と表現されてきたこの圧力が落ちてくると、どうしても手首での調節に頼って悪い結果につながる。

　この"握力"強化方法として、従来は
- ●砂の中や水の中で手を握ったり離したりする。
- ●マシーン、グリップハンドなどの器具を使う。
- ●テニスボール、スポンジボールなど柔らかいボールを使う。

といった形があったが、私は鉄アレイを使った"指先の圧力強化"を勧める。

①**地面に置いた3.5㌔～6㌔前後の鉄アレイを3本の指先で握り、肩の平行ラインまで引き上げる。**

②これを離す（リリースする）とき、単に離すのではなく、指先を摩擦させて「ピシッと音が出るように」キル練習をする。

③感覚的ではなく、自分の身体でおぼえることが大切である。始めは軽いものを数回、慣れてきたら徐々に重量も上げ、回数を増やしていく。

鉄アレイひとつあれば、いつでも出来る効果的なトレーニングである。

（1）ボールの握り方

> **野球規則1.09**
> ボールはコルク、ゴムまたはこれに類する材料の小さい芯に糸を巻きつけ、白色の馬皮または牛皮で2片でこれを包み頑丈に縫い合わせてつくる。
> 重量は5オンスないし5オンス1/4、周囲は9インチないし9インチ1/4とする。
> ［注］わが国では牛皮のものを用いる。
>
> **硬式ボール**
> 重さ141.7g～148.8g（5オンス以上5オンス1/4以下）
> 直径7.2cm
> 周囲22.9～23.5cm（9インチないし9インチ1/4）

最も大切なのがボールの握り方である。掌の大きさ、指の長さには個人差があるが、いくつかの基本的な型がある。

心がけたいことは、ボールといつも仲良く友達になる事である。

掌でボールに触れ、ひねったり、回転させたりしてみる。テレビを見ている時、バスの移動中、試合中のベンチの中、といった具合に常にボールの感触を楽しみ、ボールと一緒に自分に適した握り方を掌でつかみ、学びとる事が大切である。

①直球（ファストボール）

A．ボールの中心線の両サイドに人差し指と中指の間隔は1cmで握る。

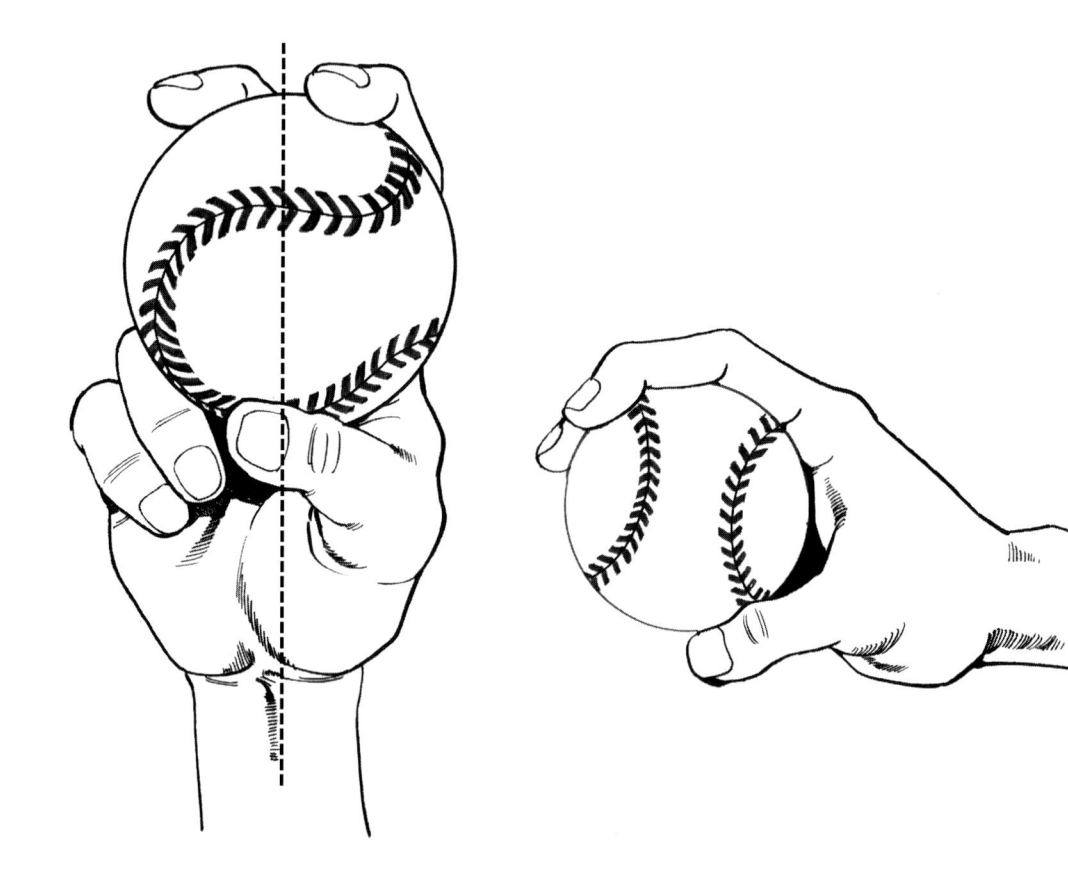

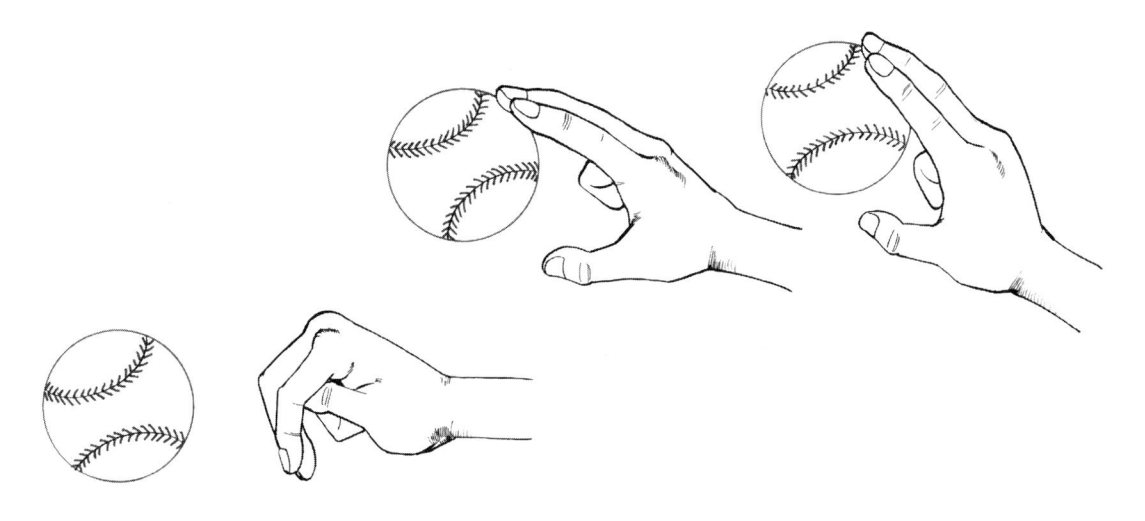

B．中心線両サイドに人差し指と中指の間隔1cm〜5cmまで広げて握る。自分に合った間隔を身につけること。

　直球の握りでは、親指が必ずボールの中央線の真下に位置する。人差し指の下にあるとシュート回転してしまう。

C．四つの縫い目の回転
D．二つの縫い目の回転
E．縫い目なしの回転
　回転が少なく、変化するので必ず低めに投げる。

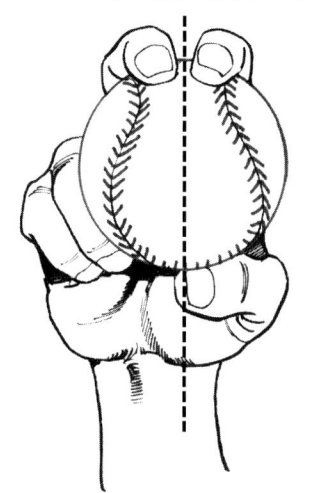

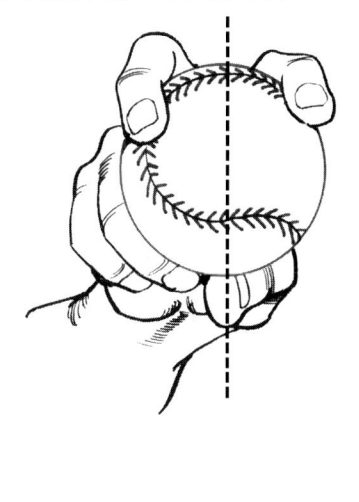

②チェンジアップ
A．直球と同じグリップで中指と人差し指を浮かせ、指の第一関節に力を入れる。手首を使わず、指の腹で押し出し、カーテンを引き下ろす気持ちで投球する。

B．スローボール・スローカーブは右足に重心を残したまま、下の円の回転でリードさせ投球する。

③カーブグリップ（チェンジアップボール）

必ず中指、人差し指、親指のどれかをボールの縫い目にかける。手首の力を抜き、柔らかく使うこと。

A．手首を内側に入れ、リリースの時にひじを伸ばして親指を捕手の方向に出す。

B．手首を立て、中指全部を縫い目にかけて親指と中指で上から真下にひねる。
C．手首を立て、手首だけを90度回転させる。

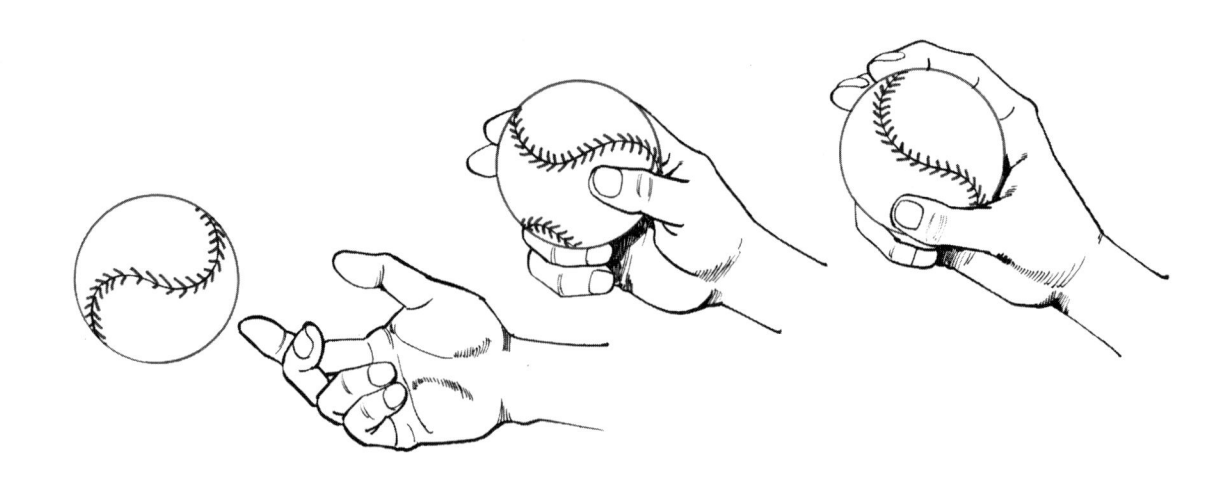

◆**トランプを使ったカーブの練習**

親指、人差し指、中指の3本でトランプを持つ。自分の体の方向に手首を返し、親指を前に出しながらカードを放す。手首の使い方の基本的練習となり、この感覚を忘れずにボールを使った投球練習に移る。

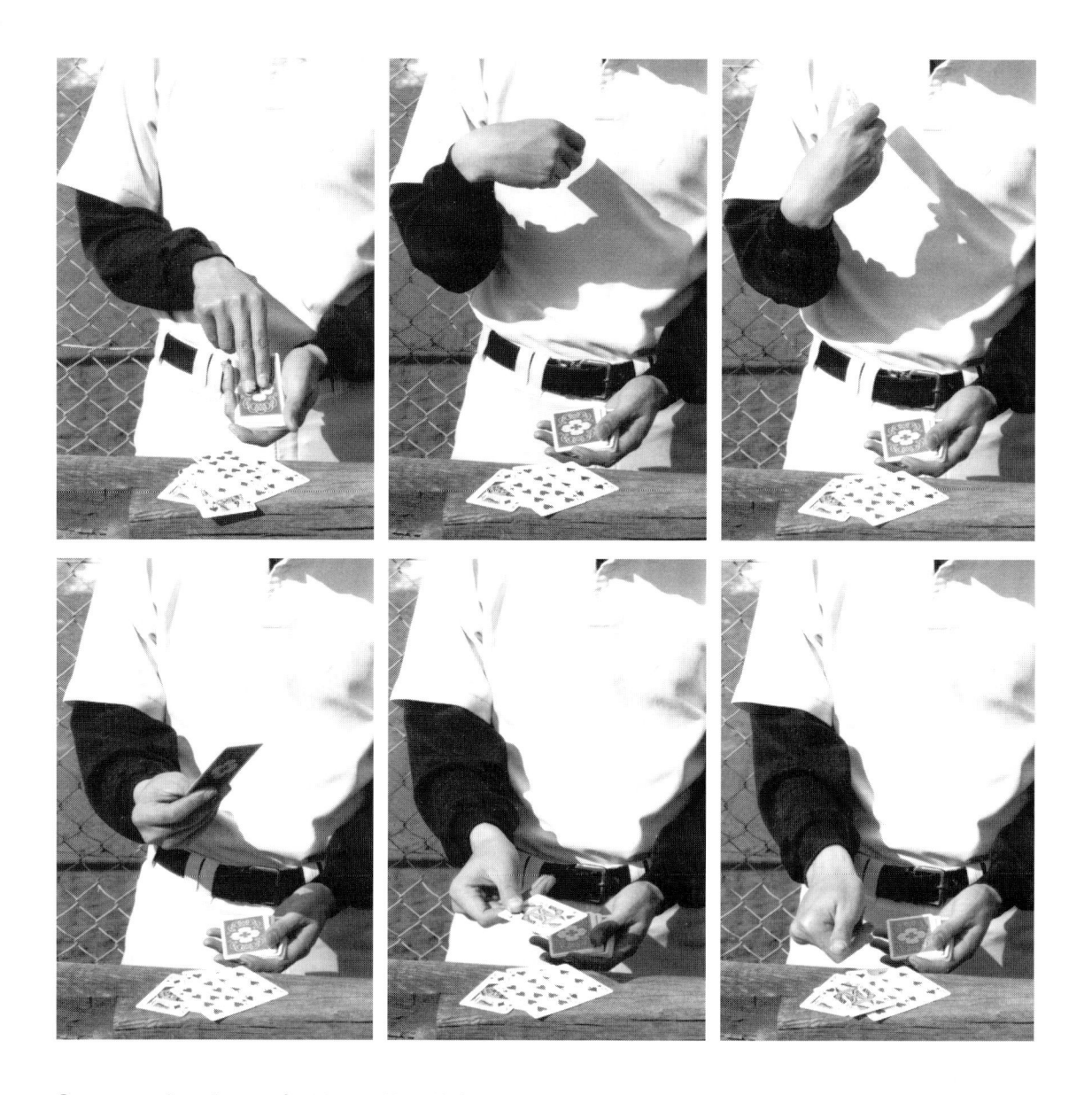

④**スライダーグリップ**…肘の関節を使うので注意。
A．手首を立て、中指と親指の間からボールを出す。
　中指全体が縫い目にかかり中指を使う。親指と中指の摩さつで指を鳴らす感覚で、直球と同じフォームで投げる。

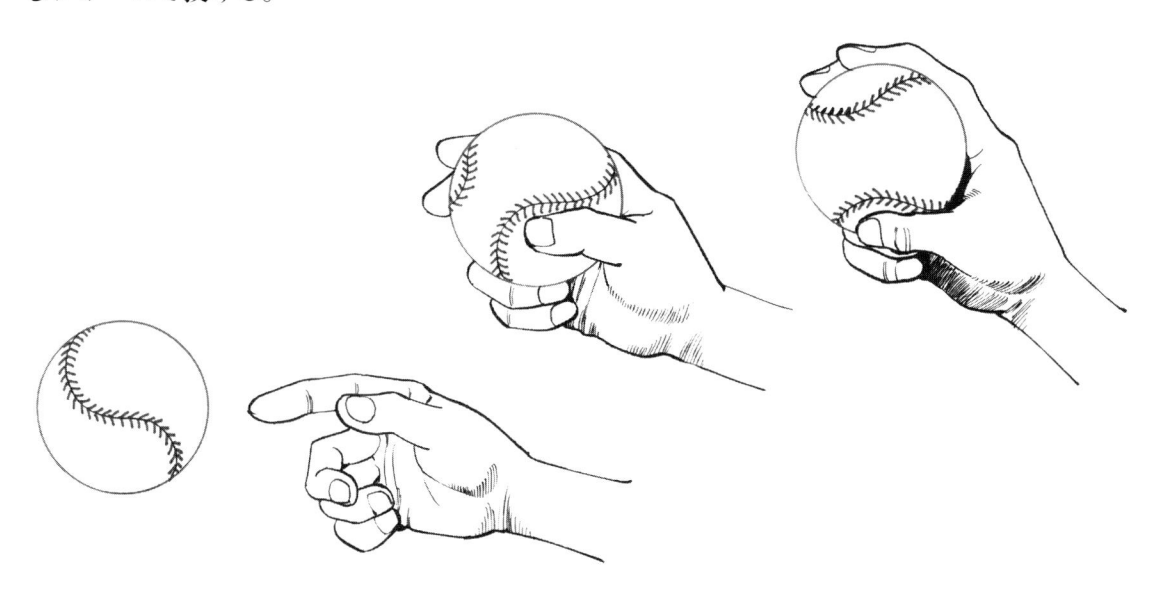

B.中心線をはずして握るグリップ投法

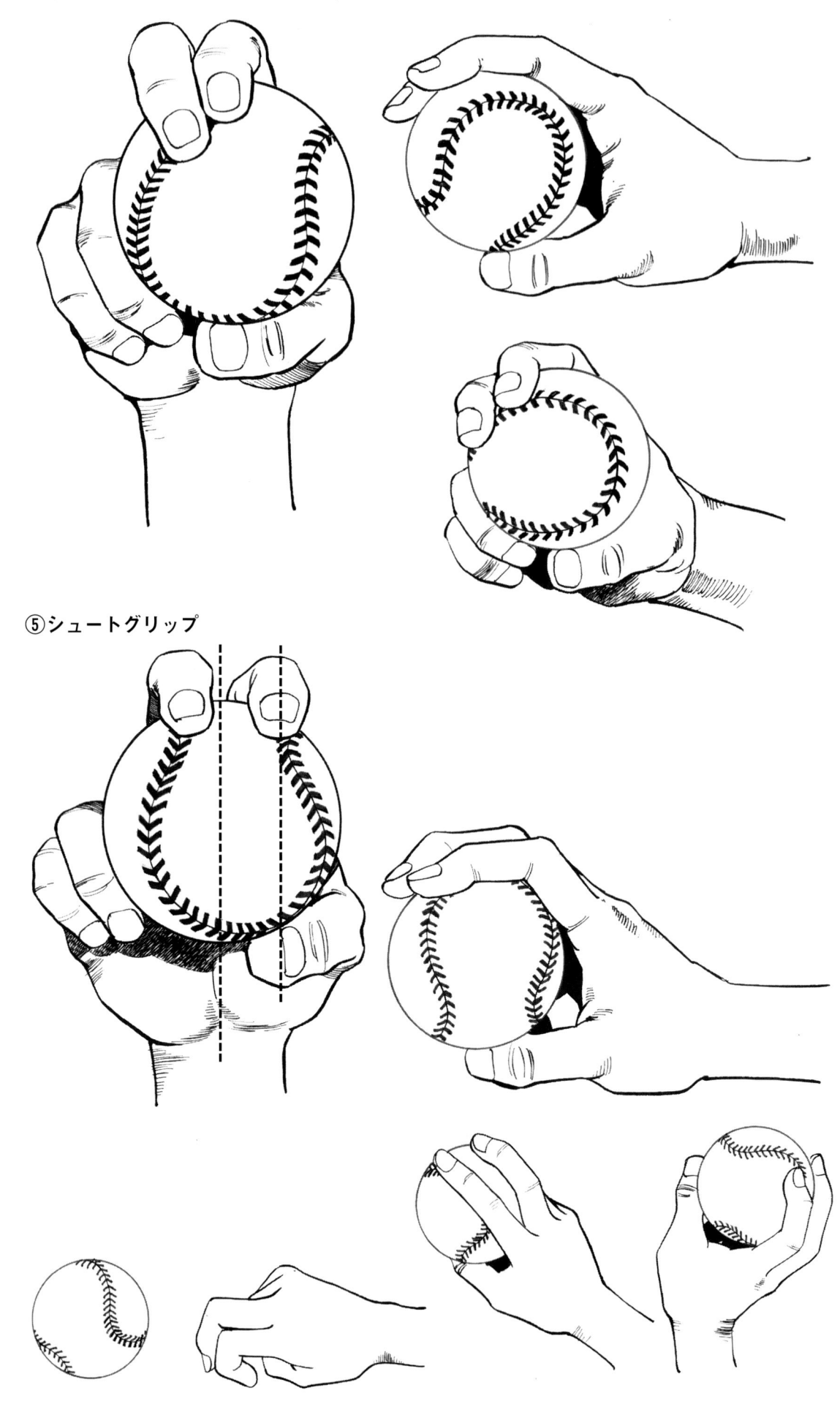

⑤シュートグリップ

⑥**フォークボールグリップ**……手首を固定して使わない。肘に負担がかかるので肩を軸として投球する。

A．縫い目に中指、人差し指をかけない投球。

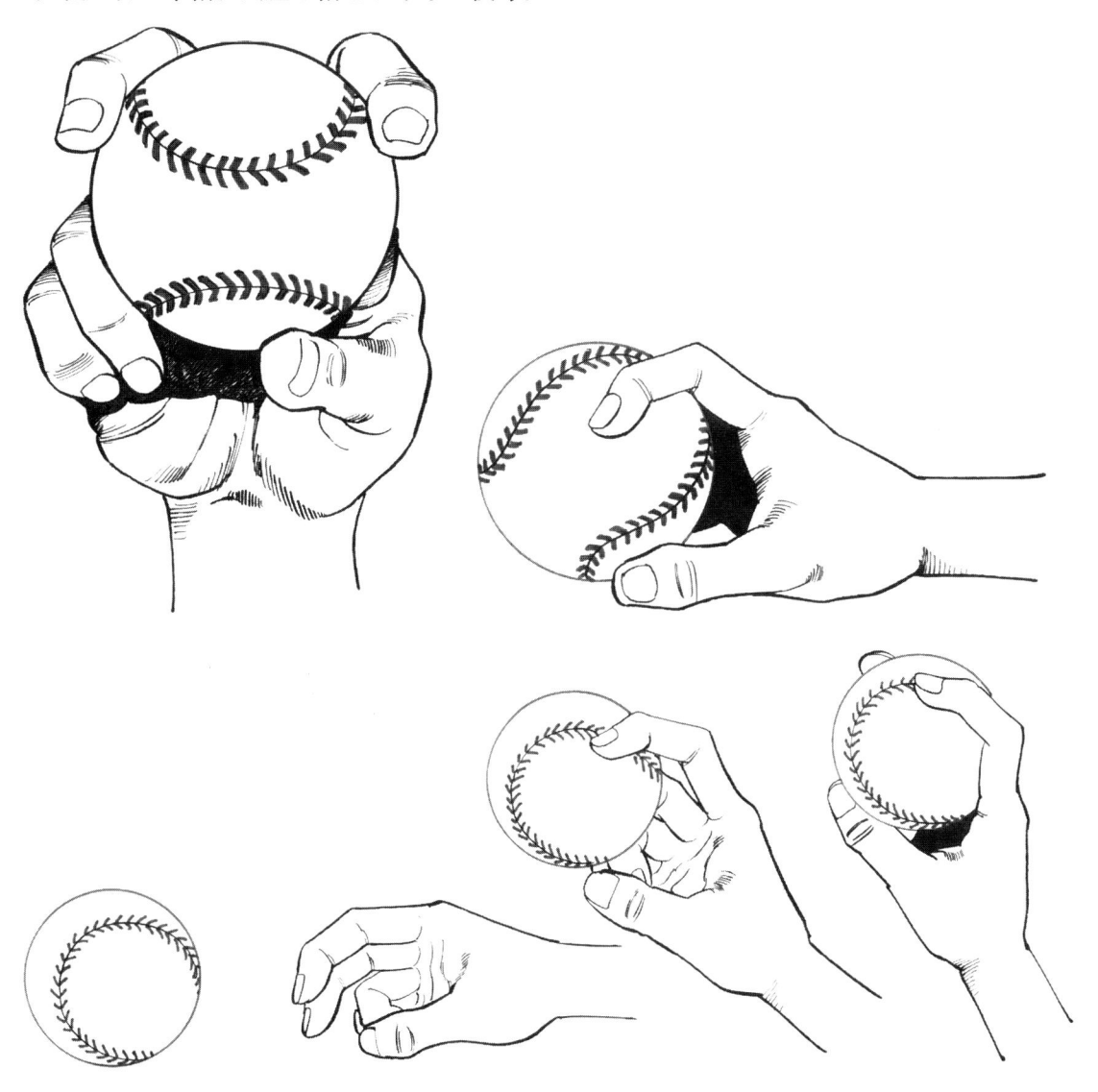

B．縫い目に中指だけをかける投球（アウトコース方向に落ちる）。

C．縫い目に人差し指だけをかける投球（インコース方向に落ちる）。

⑦パームボールグリップ

　手のひらから投球（手首は使わず、指の元からボールを出す）。手のひらと3本の指の中間でボールを包み、親指と小指で支える。

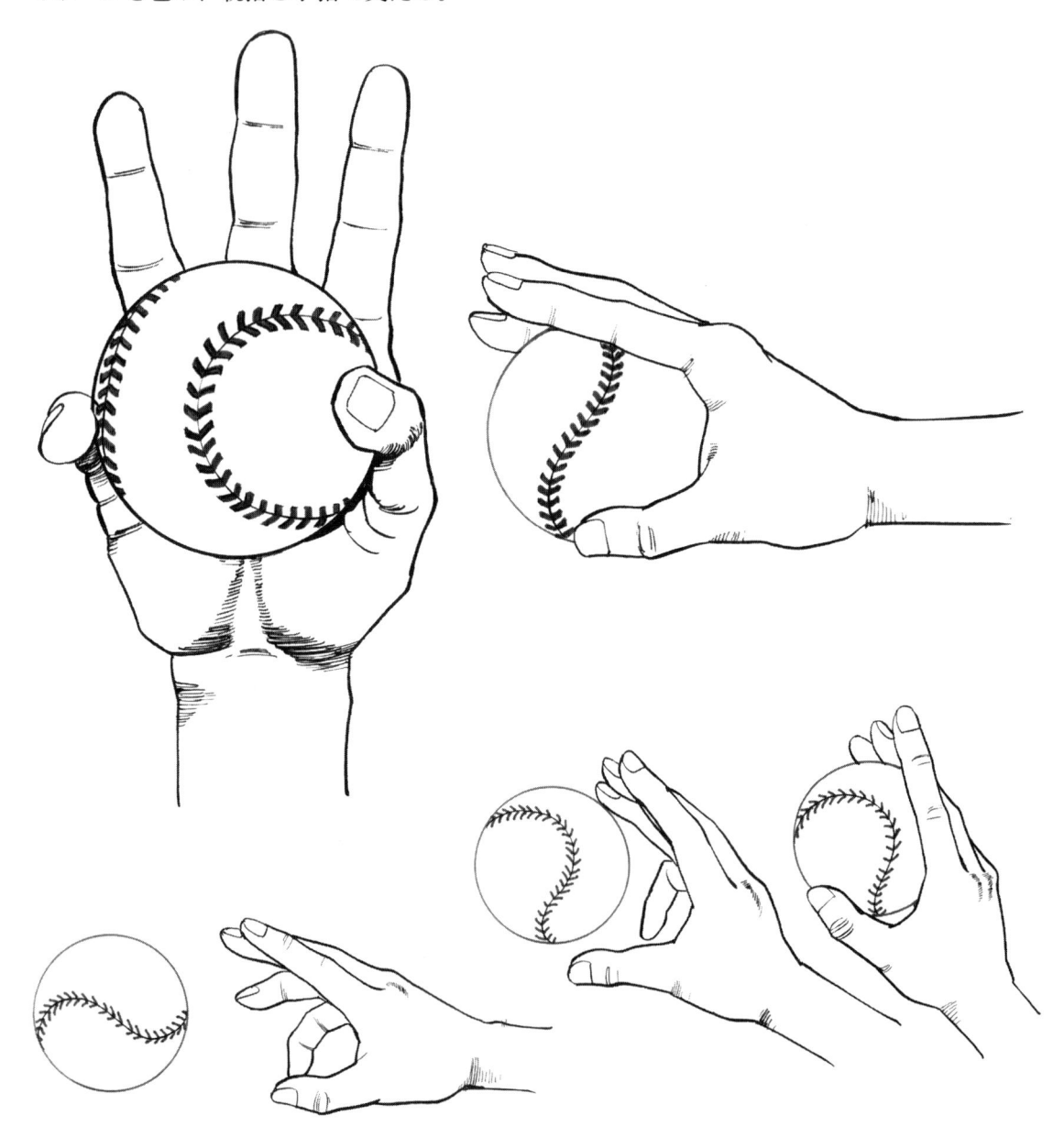

⑧**ナックルボール**…指で押し出し、ボールに回転を与えない投球。手首を使わない。

A．人差し指、中指、薬指の指を曲げ、第一関節の外側でボールを握り、親指、小指でボールを支える。

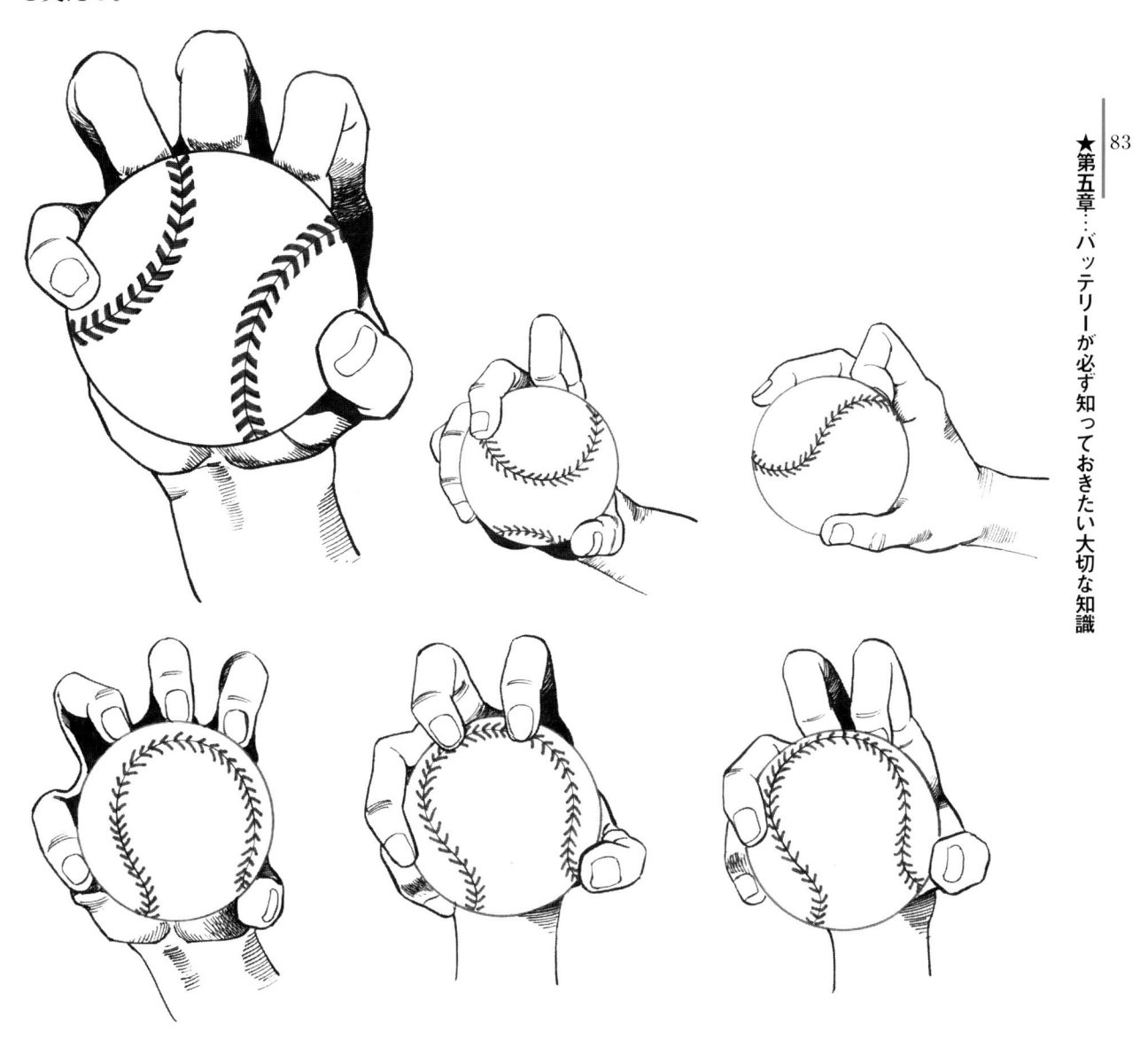

B．人差し指、中指の爪を立て、突き出すように投球する。

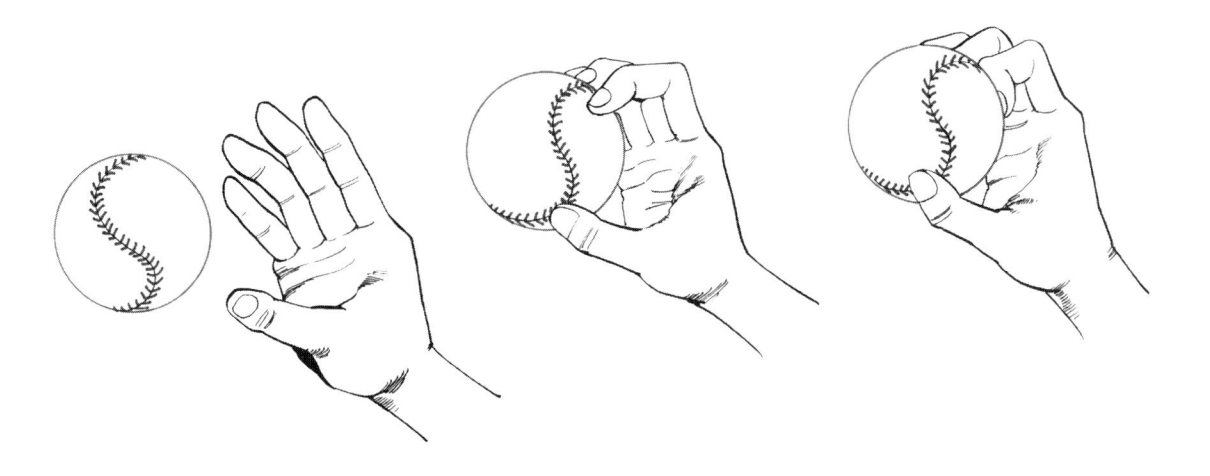

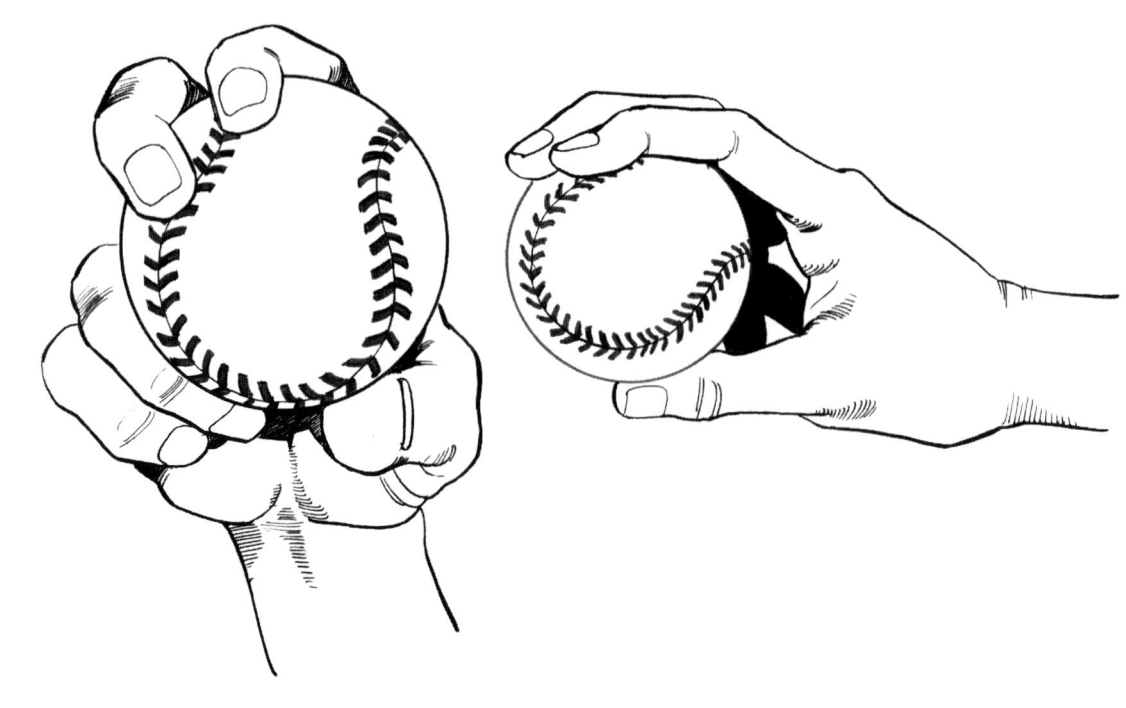

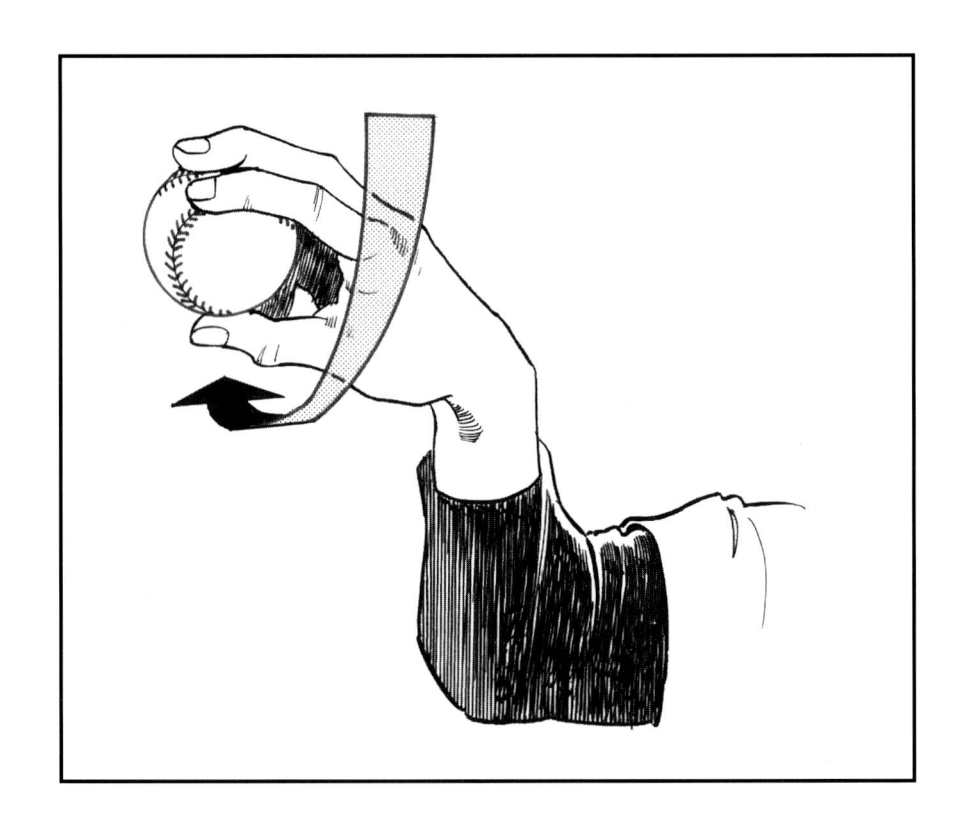

⑨シンカー…シュートして沈む変化球。

投手・捕手が打者を見抜く7つのチェックポイント

打者のフォームには大きく分けて3つのタイプがある。
＊重心移動をしながら打つ打者
＊軸回転で打つ打者
＊イチロー型の打者（静止一本足を含む）

①ボックスの位置とステップをみる…平行のステップの構えでも、第2ステップでオープン、クロスステップして打てる打者か。

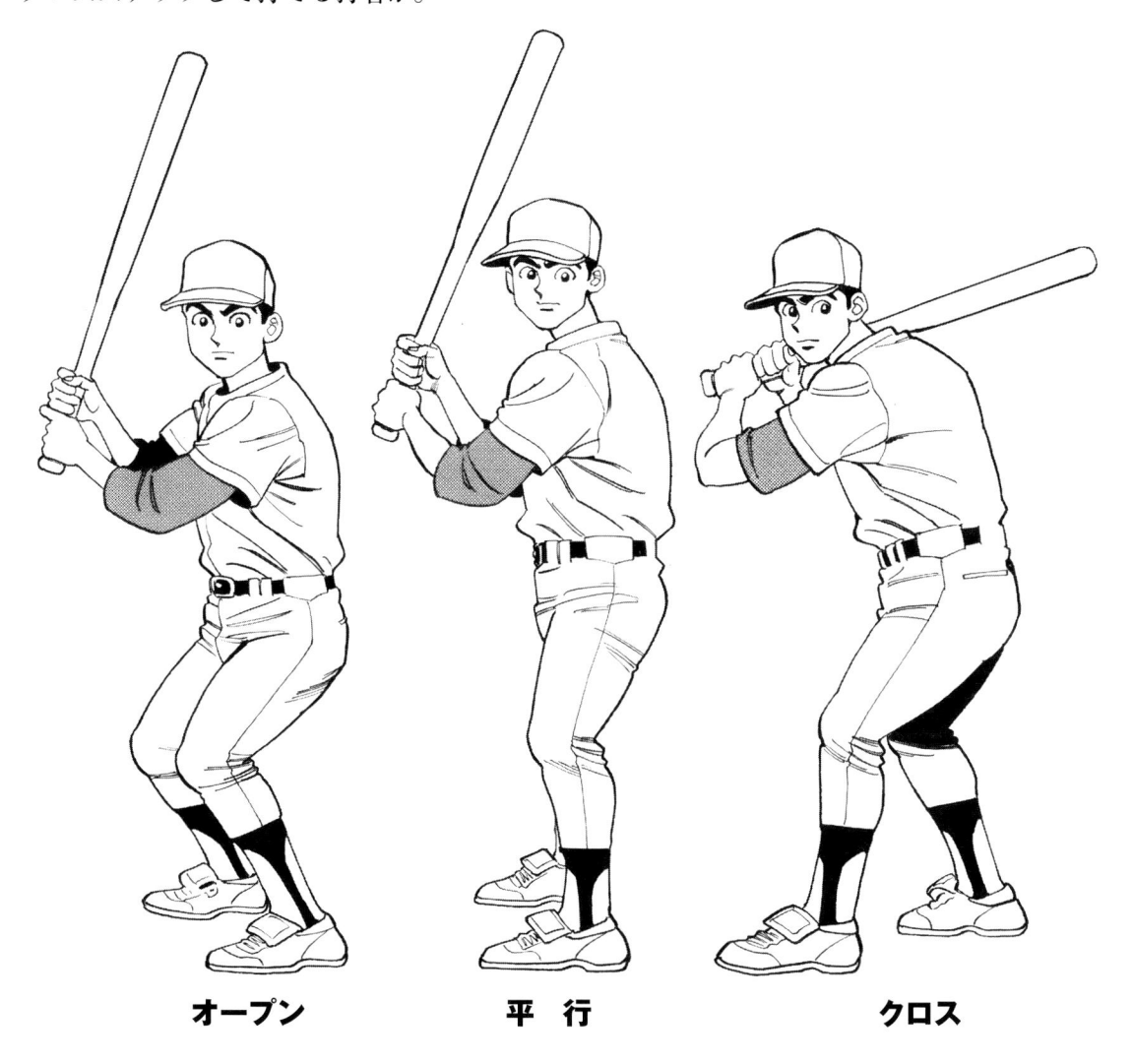

オープン　　　平　行　　　クロス

②スイング途中の左肘を見る（肘が上がる打者か、左肘が閉まる打者か）

③オープンスタンスで構え、踏み込んで打つ打者か

④初球から積極的に打つ打者か

⑤ヤマを張るタイプの打者か

⑥右方向に狙い打てる打者か

⑦バントが上手か（セーフティバントをよくやる打者か）

ピッチャー、キャッチャーサイドから見た バッター17タイプの攻め方

（1）右肩がインに入る打者

　基本的に上体（手）でタイミングをとる。
　左右の肩が平行ラインでなく、右肩が極端に捕手寄りに入っているため、バットのヘッドの出が遅く、インコースがさばけない。
　このタイプには左腰の開きが早くなる欠点があることを意識しておく。

> 　①を決め球にして打ち取ろうとするならば③にシュート、ストレート。
> 　打ち気がある、と見たら初球は⑨から攻めて空振り狙い。この球にどう反応したかで打者の狙いを見極めたい。
> 　見逃したとしたら2球目に③は危険。外角へスライダー、緩いカーブで探りを入れてから③にシュート、ストレート。
> 　さらに⑨から対角線の①で勝負というように"ダミー"を使って逆のコースを突く。

（2）外角球に合わせて流す打者

　バットを比較的短く持ち、やや寝かせ気味にしている。ミート中心で腰に回転が少なく、バットだけでコントロールするクセ者型だ。

　力はないが、7外角高めはバットを出すだけで当たるから絶対禁物。アウトコースならストライクからボールになる縦のカーブか、横に逃げるスライダー。
　あくまでインサイド中心で3、9をスピードの変化で突いておけば、意外と打者が自信を持っているはずの外角でも、1はウイニングショット。

（3）グリップと体が離れている打者

　このタイプの打者はいわゆるドアスイングになる傾向が強く、アウトコースの低めはまず打てないと見ていい。

　バットを振り出すための理想的なトップを作らせないことが投球のポイントとなる。

> 　体から離れて構えるグリップをめがけて投げる。腰を早く開かせ、間をとりにくくさせる効果がある。
> 　その後にボールになってもいい感覚で⑨と③を見せ、①を中心に勝負する。

（４）ひじを伸ばして振る打者

　アウトコースに苦手意識があるから肘を伸ばすのか、打ちたい気持ちが強いからなのかは見極めにくい。

　だが、このタイプは外角カーブ、特に高めには強いはず、と考えていいだろう。

　逆にインコースには窮屈なバッティングが目立つ。

> 　チェンジアップを効果的に使ってスピードに変化をつけ、⑨を主体に。⑥も有効。
> 　肘がのびてくるので、低めでも③の変化球は打ってくる。
> 　内角速球中心に力で押し、最後はコースいっぱいの①で勝負する。

（5）ミートポイントが近い打者

　構えた前足より近い、捕手寄りにポイントを置くタイプで、この方がヒットゾーンが広くなるとして奨励する指導者も多い。

　しかし、どうしても内角、真ん中、外角といったように横一列でしかボールの配列が見えず、速い球への反応が遅れることが多い。

> インコースの⑨、③は弱点。
> 逆にアウトコースの⑦、④は得意で、変化球は巧くおっつけてさばく。
> ①の低めをダミーに、内角勝負が基本。

（6）バントの構えで立つ打者

　アウトカウントや走者の有無などの状況にもよるが、一般的にバントの構えには内角を突くのが定石だ。バスターで合わせてくる危険も大きいが、内角高めに速い球を投げれば、空振りか、当たってもフライになる確率が高い。

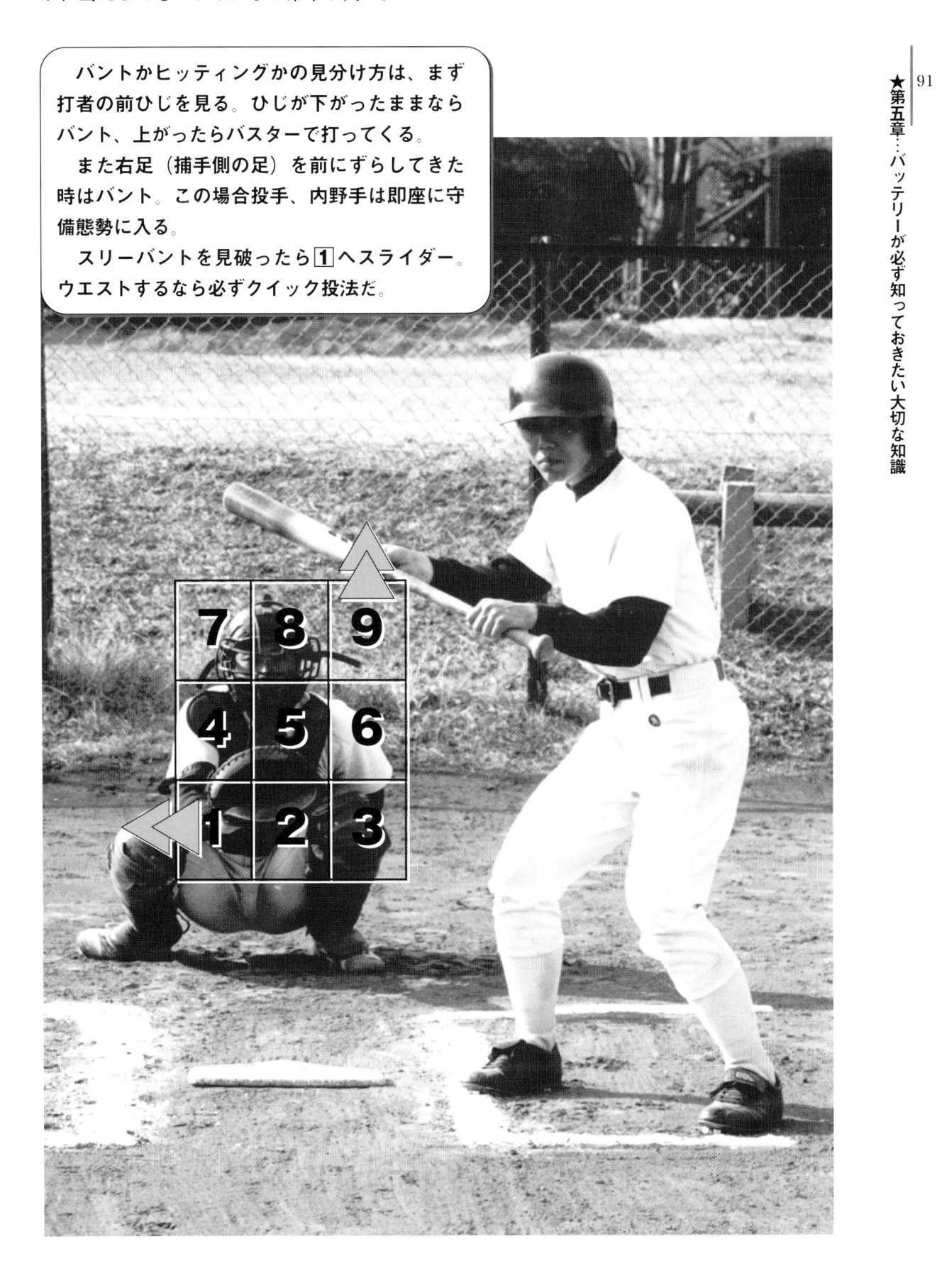

> 　バントかヒッティングかの見分け方は、まず打者の前ひじを見る。ひじが下がったままならバント、上がったらバスターで打ってくる。
> 　また右足（捕手側の足）を前にずらしてきた時はバント。この場合投手、内野手は即座に守備態勢に入る。
> 　スリーバントを見破ったら①へスライダー。ウエストするなら必ずクイック投法だ。

（7）クローズドスタンスの打者

　左足をベース寄りに近く、右足は逆に引いたスタイル。

　外国人選手ならこのまま上から叩けるが、日本人のこのタイプはヘッドを下げながら前に出て、バットを振る、いわゆるスウェーすることが多い。

　外角を狙ってきそうと考えることはない。外角を打ちたい、打たなくては…の意識が強いため、意外にモロい。

> 　ひじにぶつける感覚で⑨をストレート、シュート系で攻めてタイミングを狂わせる。
> 　外角は低めを条件に①を使う。ここでも⑨へ速球、①に変化球の対角線攻略法が生きる。

(8) オープンスタンスの打者

　クローズドと正反対の構え方。両足を平行（スクエア）にして打席に立つ形から、左足をベース寄りのラインから離して、極端に言えば投手に正対するように立つ。
　左足を引いている分、アウトコースにバットが届きにくい。腰の回転が速く、インコースへの対応は巧いため、低めの球もコンパクトに振ってくるタイプ。

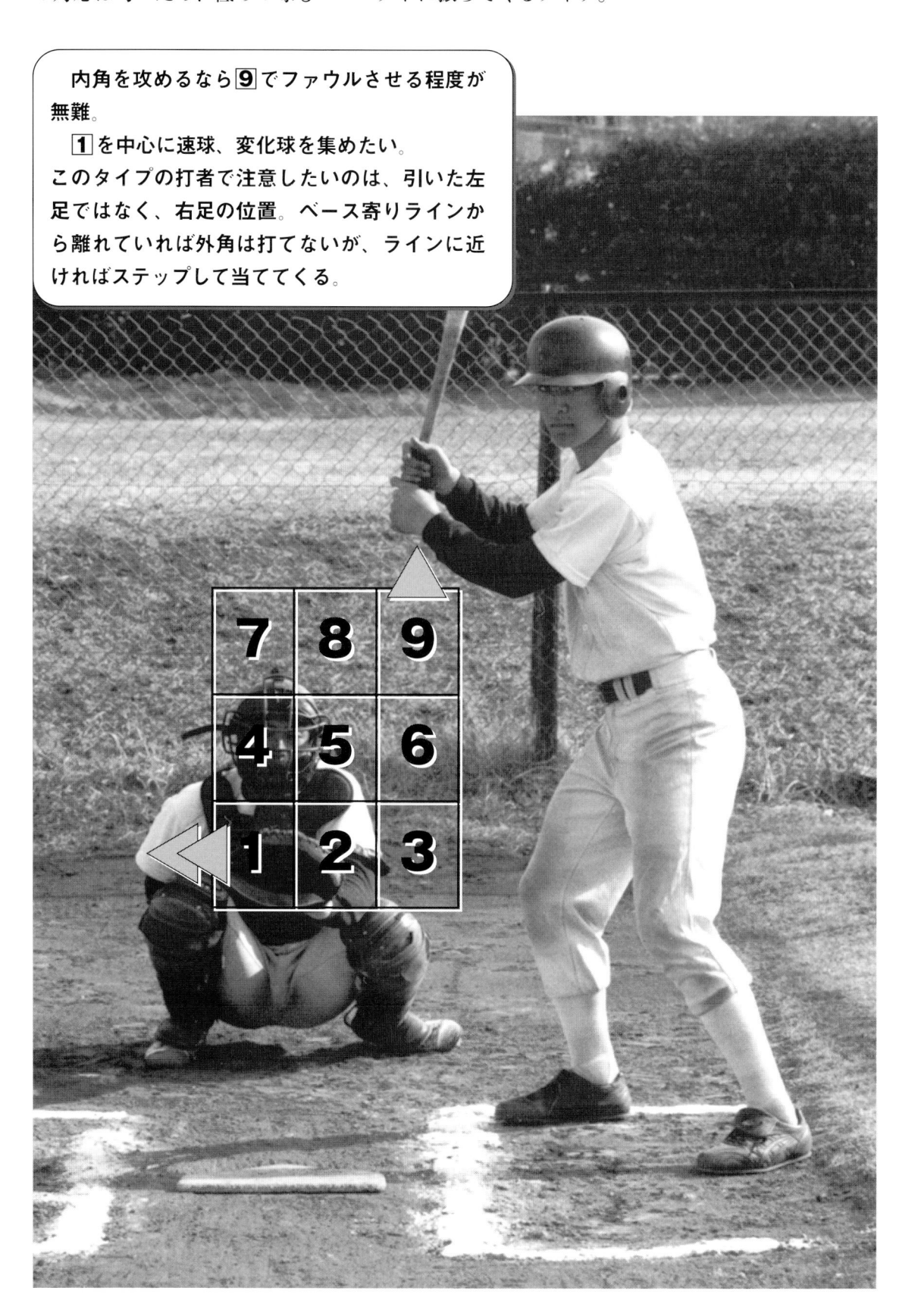

> 　内角を攻めるなら⑨でファウルさせる程度が無難。
> 　①を中心に速球、変化球を集めたい。
> このタイプの打者で注意したいのは、引いた左足ではなく、右足の位置。ベース寄りラインから離れていれば外角は打てないが、ラインに近ければステップして当ててくる。

（9）ヒッチする打者

　バットを構えた位置から、投手の動きとともにグリップを上から下へ、または下から上へ動かして振り出すことを"ヒッチする"と言う。

　リズムを取るためのバッティング動作のひとつとして黙認する指導者も多いが、無意識にヒッチする打者は、その分バットの出が最短距離ではなくなり、ワンテンポ遅れることが指摘されている。

　要するに手でタイミングをとっているわけで、比較的ストレートに強いタイプが多い。

> アウトコースはドンピシャリのタイミングで合わせてくるから、外角速球はボール球で見せておき、3、9の厳しいコースで打ち取りたい。
> 変化球でタイミングをはずすのが効果的。

(10) すくい上げるように打つ打者

構えたバットを下ろしてから、大きくアッパースイングしてくる。内角から真ん中低めの緩い球は禁物だ。早く言えばそこしか打てない。

> 速球は高めの7、8、9で勝負する。特に9は弱点。
> 6、3へのシュートから、1へのスライダーというパターンも効果的。
> このタイプの打者はバットが波を打つように出てくるから縦の変化に弱い。落ちるカーブやストライクからボールになるカーブでも振ってくるはずで、比較的簡単に"料理"できる。

（11）踏み込むステップが大きい打者

　ステップ幅を大きく（広く）とって、早い体重移動とともに上体だけでスイングしてくる。大きなステップをとるということは、ポイントを一点に絞って振ってくるタイプが多い。

　この変型に一本足打法があるが、どうしても上下動が加わるから、縦の変化に弱い。

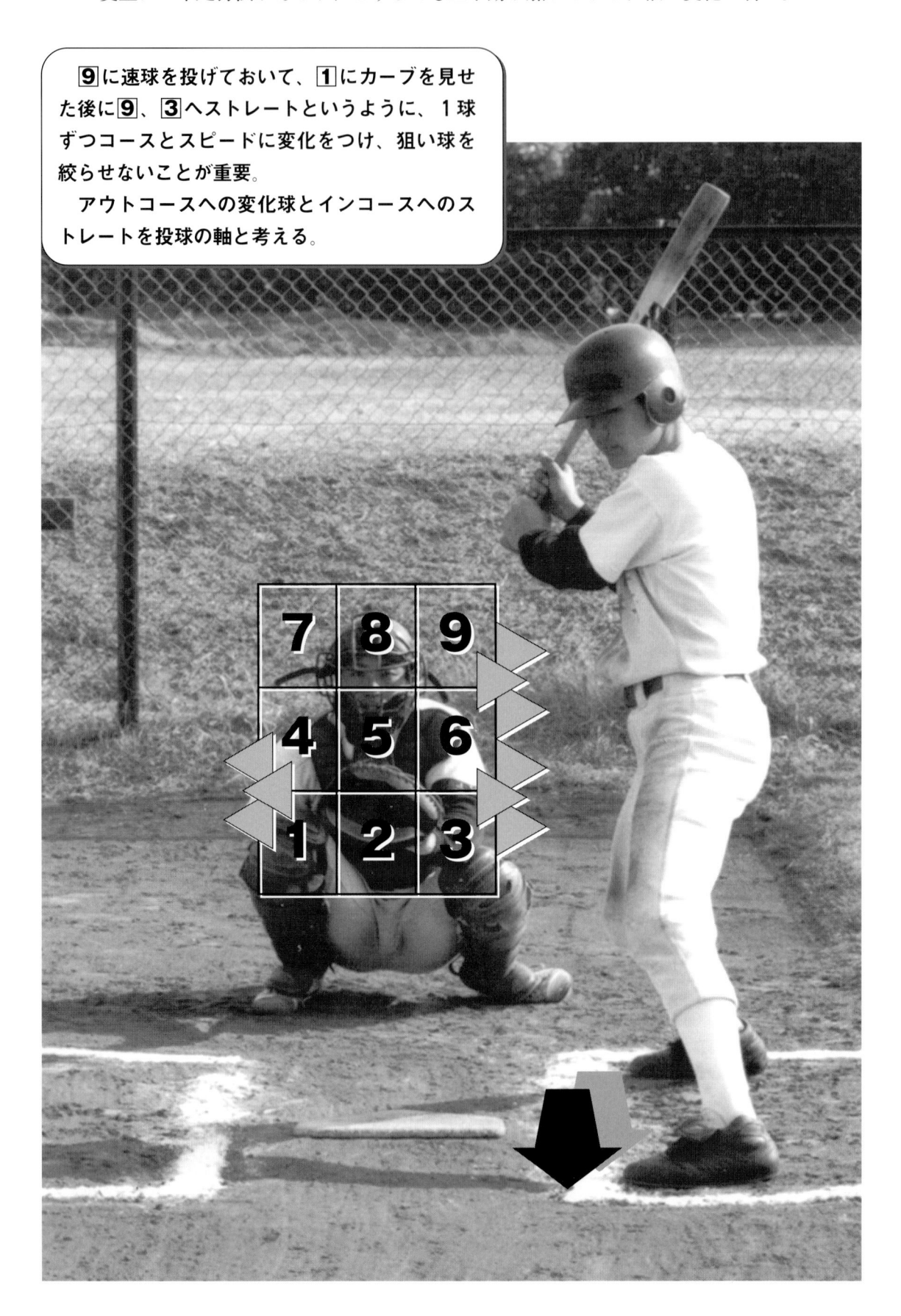

> 　⑨に速球を投げておいて、①にカーブを見せた後に⑨、③へストレートというように、1球ずつコースとスピードに変化をつけ、狙い球を絞らせないことが重要。
> 　アウトコースへの変化球とインコースへのストレートを投球の軸と考える。

(12) アゴが上がる打者

　指導者が口を酸っぱくして指摘しても必ずこのタイプはいるもの。無意識のうちに上体に力が入り、目切り腰の開きが早く、左ひじが上がってワキが甘くなるスキだらけの打者だ。

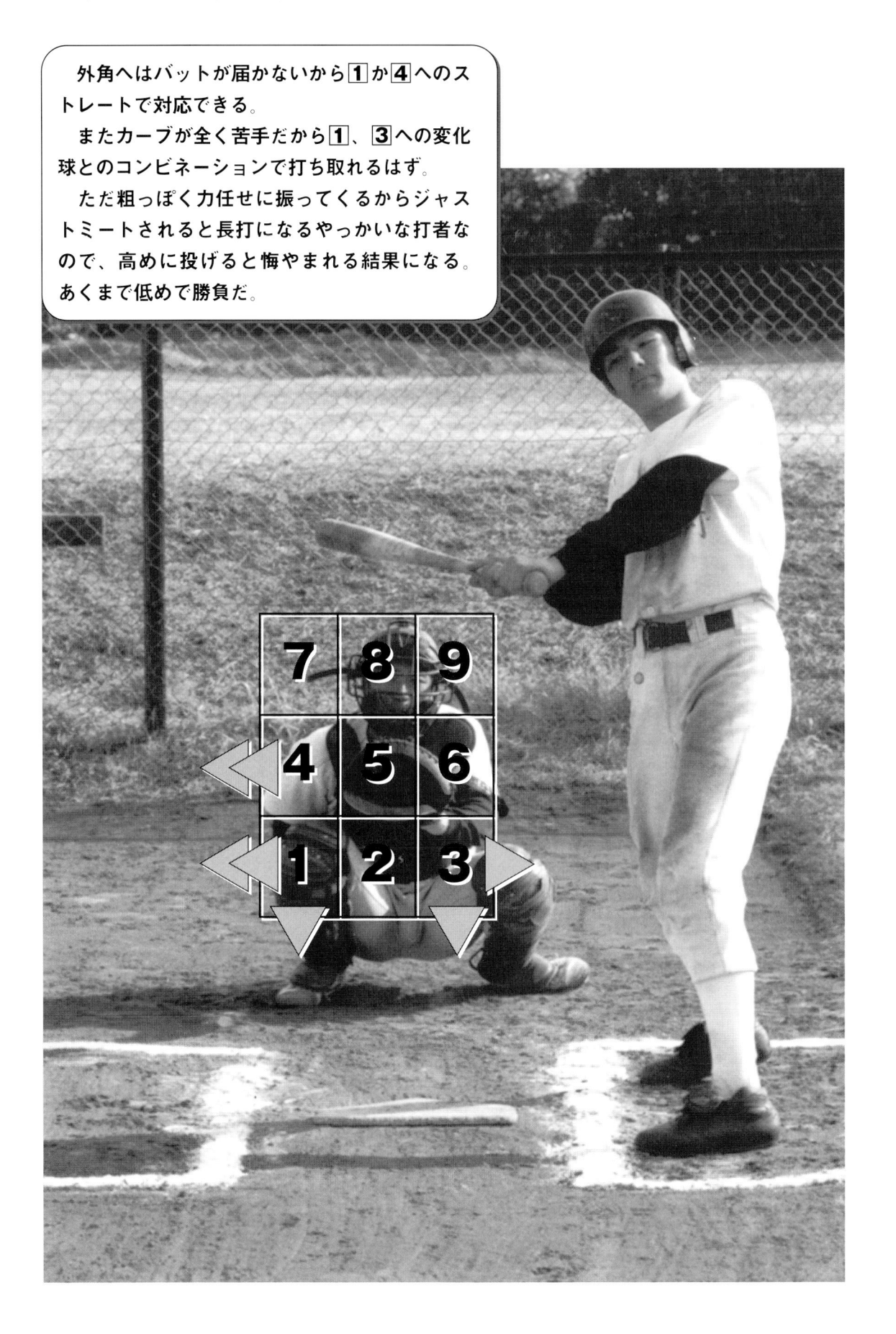

> 　外角へはバットが届かないから①か④へのストレートで対応できる。
> 　またカーブが全く苦手だから①、③への変化球とのコンビネーションで打ち取れるはず。
> 　ただ粗っぽく力任せに振ってくるからジャストミートされると長打になるやっかいな打者なので、高めに投げると悔やまれる結果になる。あくまで低めで勝負だ。

（13）左ひじを上げて立つ打者

　大リーガーなどに数多く見られるタイプだ。ひじを上げたままの形からシャープに最短距離でバットが出てくると怖い。
　このバッティングフォームを身につけ、ミートのタイミングを覚えると、大きなフォロースルーで打球を遠くへ運べる。

> 　①へのストレートと変化球を主体に、⑨でファウルを狙い、勝負はやはり①への変化球だ。
> 　自然なフォームからひじを上げて振ってくる打者はヘッドが下がり、アッパー気味に遠回りしてバットが出てくるはずなので、⑨、⑦の高めで空振りを狙い、①、③の変化球で勝負。

（14）バットを高く構える打者

　極端に言えば、目とグリップを同じ位置にセットしているわけだから、低めへの意識はないと考えていい。

　力に自信があるパワーヒッターに多いタイプだ。

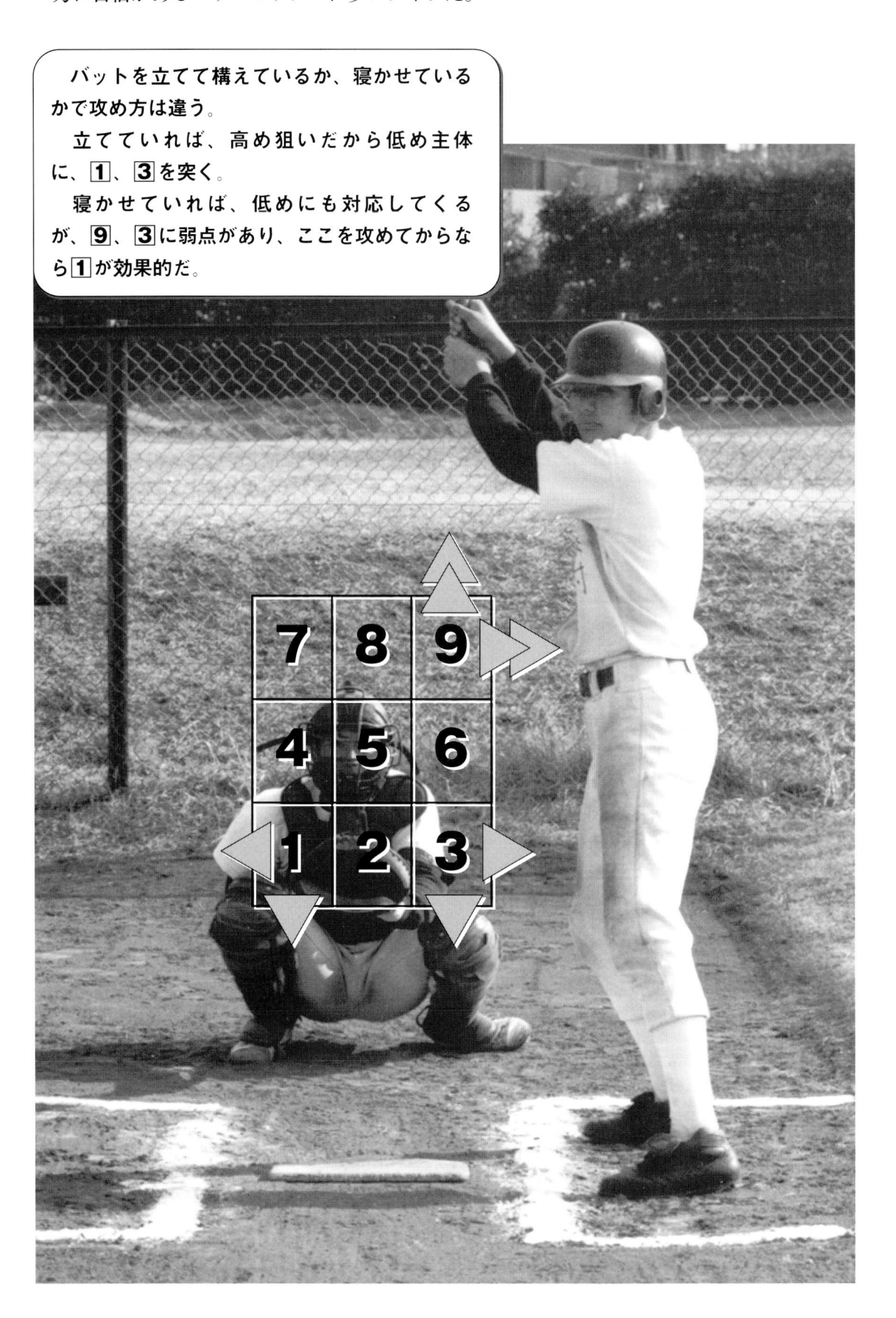

> 　バットを立てて構えているか、寝かせているかで攻め方は違う。
> 　立てていれば、高め狙いだから低め主体に、①、③を突く。
> 　寝かせていれば、低めにも対応してくるが、⑨、③に弱点があり、ここを攻めてからなら①が効果的だ。

（15）短く持ってベース際に立つ打者

　ミート主体にコンパクトに打とうとするタイプで攻めにくい。高めには自信があり、外角球でもうまく流してくる。

　3、9を思い切って攻めることが必要で、体を起こしておいて1をストレート、カーブ、スライダーなど、スピードの変化で突くのがセオリー。
　勝負はアウトコース低めだが、あくまで3、9を攻めておくことを忘れないこと。

（16）バットを下に下ろしてタイミングをとり、トップに構える打者

　いわゆるクラウチングスタイルで、腕力があり、背筋力で打つ。大リーガーのマグワイヤ（カージナルス）が一例である。
　ノーステップ気味で軸足（右足）を基点として引っ張る長打力の持ち主と見ていい。

> 　アウトコースを狙っているので、⑨の速いストレートで体を起こす。
> 　緩い内角のボール気味のカーブでカウントを稼ぐ。
> 　外角の⑦でストレートをボールにして、①スライダー勝負する。

（17）振り子打法の打者

　大リーガーのイチロー（マリナーズ）本人があみ出した打法。
　イチローの場合、左ひじを両肩の平行線に上げ、両ひじをリラックスさせて、オープンスタンスから右足でタイミングをとり、時計の振り子のように左足1本に体重が移る。
　王（元巨人）の1本足の静止状態ではなく、動から動へ右足の1本に体重を移しながら軸回転し、タイミングが狂うと左足で調整するのが特徴。
　広角打法で、高め、低め、変化球ともに対応でき、バットコントロールがスムーズにできる。下半身がしっかりしていて、バランスが整わないと難しいスタイルだ。

> 内角高め⑨に速いボール、外角低め①に縦に落ちるボール、ストライクからボールになるスライダーを使うなど対角線投法で逆のコースを突く。緩急の差をつけ、勝負は内角高めの速球。

協力：立教大学野球部・斎藤章児監督

一般的な打者の攻め方

　打者には実にさまざまなタイプがいる。ここでは便宜的上、17のタイプにわけて具体的な攻略法を考えたが、いくつかの要素を複合して打席に立つバッターの方が圧倒的に多い。

　投手、捕手のバッテリーは、ストライクゾーンを9つのマスに分けた図のうち、[1]と[9]、[3]と[7]という対角線法（X型投法）で高低、内外角を攻めていく。

　例えば1球目に内角高め、2球目に外角低め、3球目に内角低めを投げたら4球目は外角高めを基本形に、角度、スピードの変化、球種の変化を加えて、打者と対決する。

　一般的に「外角低め」が最重要視され、捕手のリードもここをポイントに攻める傾向が強い。確かに「外角低め」は打者にとって難しいコースなのは間違いなく、バッテリーにとっての"勝負球"のひとつだ。しかし、大切なのは、この球を生かすまでの過程なのだ。

　9つのストライクゾーンをフルに有効に使うこと。特に低め、高めともに内角をうまく使う投球が重要なテクニックとなることを忘れてはいけない。ここでは、"打ち取る勝負球"を生かすためのピッチングをテーマに考えていく。

（1）攻め方

①対角線
②角度
③同じコースからの直球、変化球

（2）スピードの変化………緩急

①早いモーションからの早いボール（クイック投法を含む）
②早いモーションからの遅いボール
緩急の差………直球と変化球の差が大きい程打者はタイミングが取りにくい

（3）ピッチングのテンポ（間）

　打者に呼吸を整えさせないようにバッテリーがリズムをつくる。

　ピッチング練習の時、投球後、すぐに捕手が座ったまま、ボールを返す。投手は、すぐ投球動作に入り投球する。1分間に約10球位。

　これで、投球スタミナがつく。短い時間に何球投球できるか？

第六章

「竹の棒」から生まれた「イマトニックアーム」

肘、肩に負荷をかけない、理想的なフォームとは

　コントロールやスピードを養うためには数多くの投げ込みが不可欠とされ、選手は140ｇもの硬球を毎日投げ続けている。

　一般的な練習としてはランニング、ウェートトレーニング、遠投を含めた投球練習であるが、果たしてこの様な練習で、その目的と理想的な投球フォーム「型」ができあがるのか？

　成長段階の時期、あるいはまだフォームが出来上がっていない選手が、多くの投げ込みをすると肩、肘及び関節に大きな負担がかかる。例えフォームが出来上がっているとしても、過酷な投げ込みで故障を引き起こし、投手生命を縮めることになる。

　そこで考え出されたのがシャドーピッチングである。投球練習の代わりに洗顔用のタオルなどを使う方法である。

　タオルを握り、シャドーピッチングすることで、肘、肩に負荷をかけずに、フォームをつくるという狙いだ。

　しかし、私はタオルではなく、35年ほど前から「竹の棒」を使ったシャドーピッチングを実行しはじめ、現在の指導にも用いている。

　何故「タオル」ではなく「竹の棒」なのか。

　投球時に大切なことは手のトップの位置と、リリースの時の鋭い風切り音の確認である。投球動作のとき、トップの位置は、その肘が直角よりボール２個分上の位置にあることが重要で、手首が外側に捻転しているか、また肘の入角度、腕の軌道をチェックすることが大切。だが、タオルでは、到底得られない。こしがなく、手に垂れ下がってしまうからである。

　一方「竹の棒」の場合は、それを握ることにより、自然にバックスピンのかかるグリップになっている。肘から先に始動しはじめ、リリースのとき、シャープな音が出て、フォロースルーが決まる。

　投手は足が上がった時（左膝のトップ）がピッチングの生命であるが、投球の順序としては、両手が下の丹田前でワレ（プレートの上）、右足首に体重を残す（重心）、左足の着地と右足で体重を移動した点を結ぶと「１つ目の三角形」が形づくられる。同時に腕のトップの位置が「２つ目の三角形」を形づくる。

　投球する目標に、左足の拇趾丘と、左膝の真後ろを起点にして、鋭く回転して、上の円が下の円に比べ、わずかな時差をもって始動する。

　その時、肩から肘がリードして手首が続き、弓のしなりと腰のバネを使い、腕の軌道が定まり、「２つの円運動」は同角度で等しく回転することになる。腰が回転してリリースの瞬間に「３つ目の三角形」ができる。左足の膝の上に重心（下丹田）が乗って、自然に守備体制に入る。この一連の動作は肘、肩に負荷がかからない無理のない、理想的なフォームといえる。

　重要なポイントはテークバックし、タメ（右足に重心を残す事）の時、全身の筋肉をリラックスさせ、弛んだ状態をつくることである。

「竹の棒」を使った練習法

（１）投手編…シャドーピッチング「５段階練習法」

　「２つの円」と「３つの三角形」の理論に基づく。（例：右投手）

第１段階

　左から右への重心移動と同時に下の円（腰）の回転を体で覚える練習。
①肩幅に開いた足は平行であること。

②肘を両肩の平行ラインよりボール2つ分上にあげる。
③棒を持った手のひらは内側に捻転させ、棒は真上を向いている。

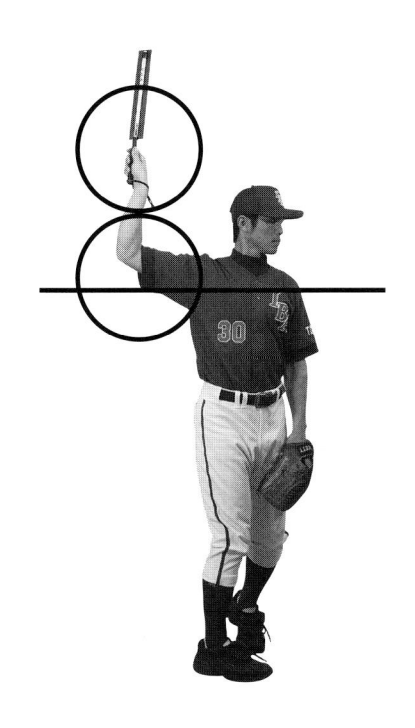

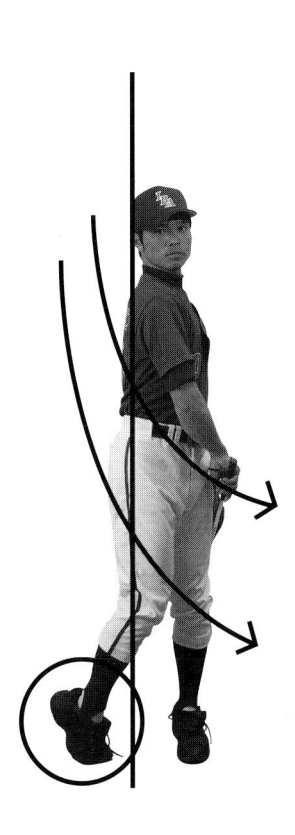

★第六章…「竹の棒」から生まれた「イマトニックアーム」

[第2段階]

　下の回転運動に前後への重心移動が加わる。
①**前足は投げる方向に対して45度に向ける。**
②**両肩は投げる方向に対して平行であること。**
③**フォロースルーの時に丹田が軸足の膝の上に乗っている。**
後ろ足は伸びた状態になる。

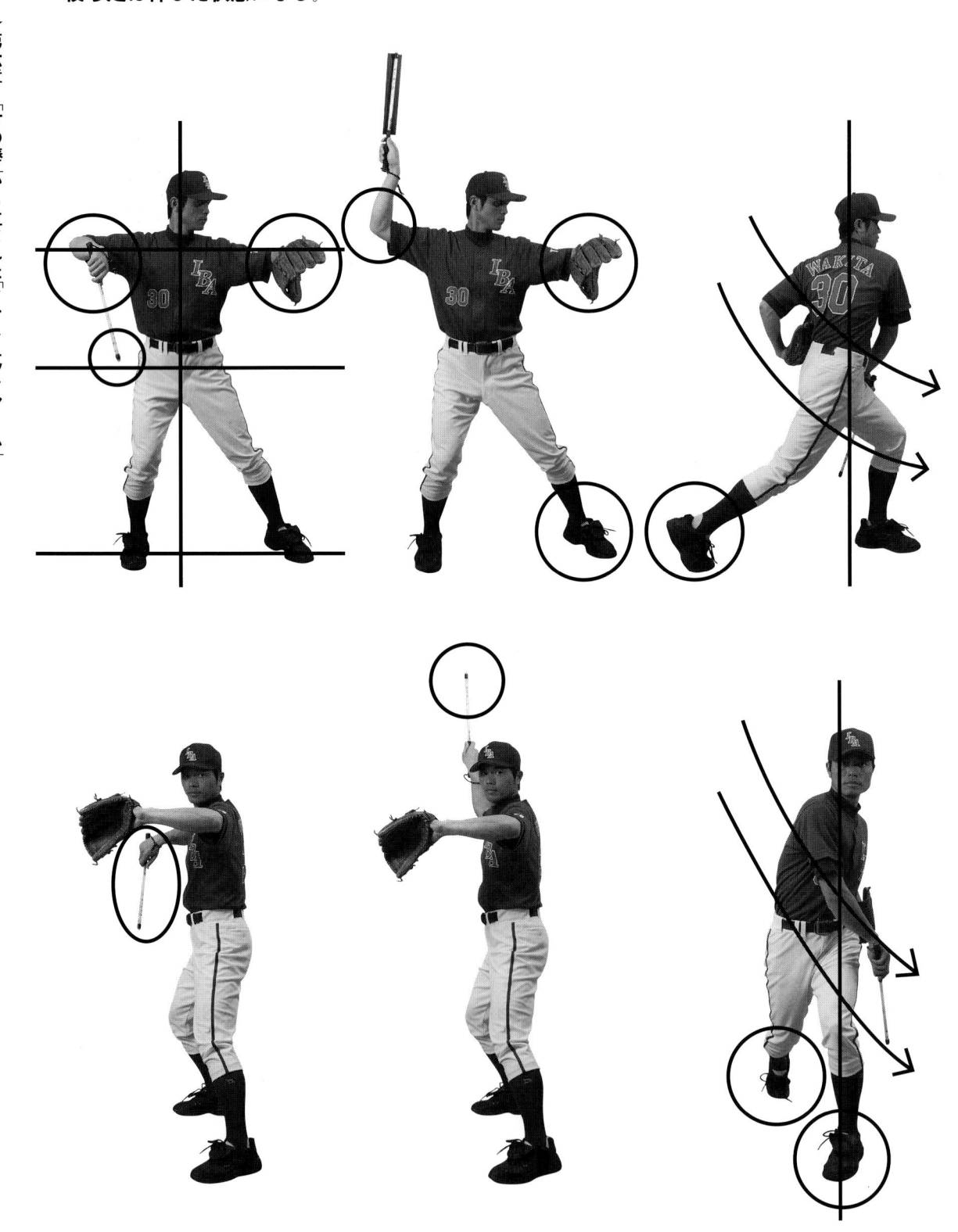

[第3段階]

　セットポジション、ワインドアップの状態から重心を移動させ一定のステップを覚えることにより、安定したフォームをつくりだす。
①センターラインを決める。
②重心を正しく前に移し、一定の所にステップ出来るようにする。

★第六章…「竹の棒」から生まれた「イマトニックアーム」

第4段階

　第3段階の動作を通して、フォロースルーの時に
1本足で立ち、バランス感覚を体で覚える練習。

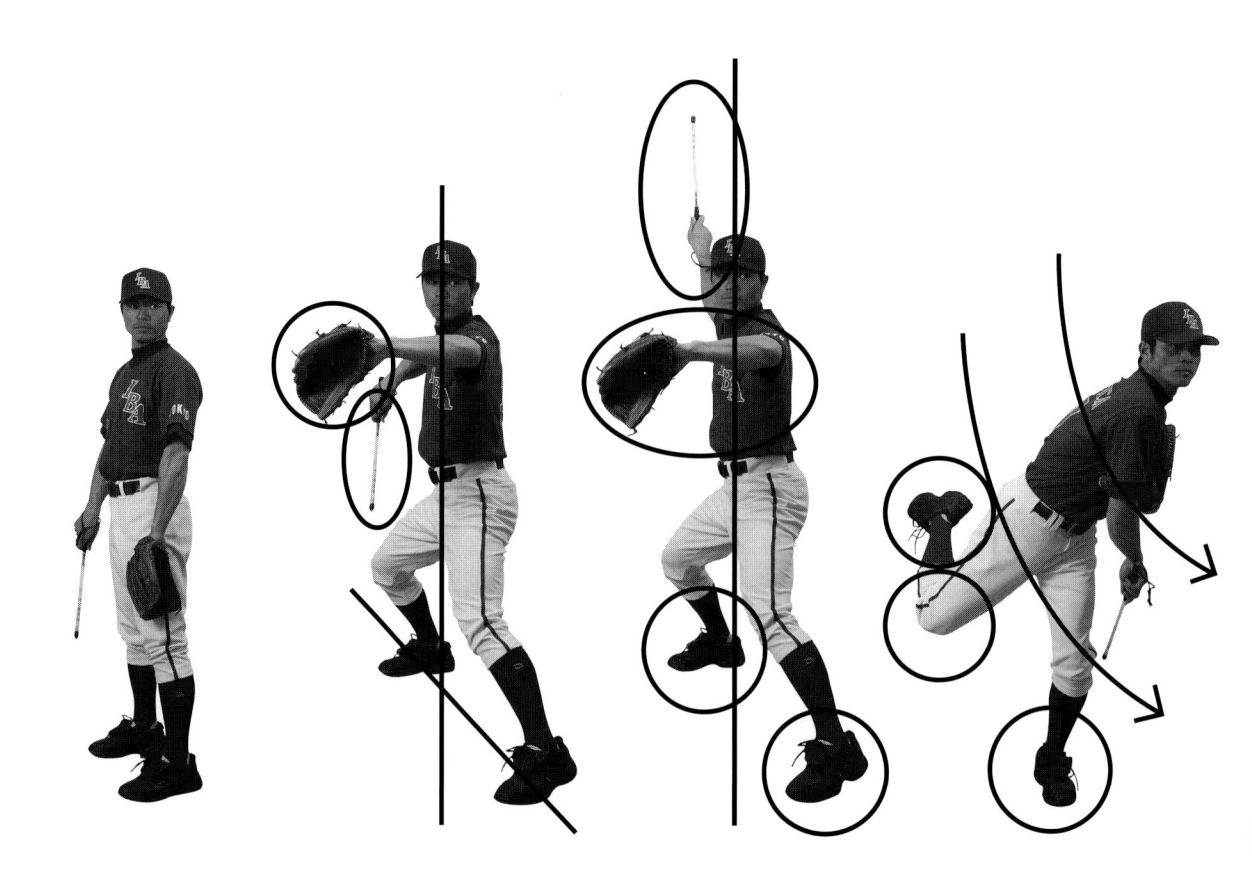

第5段階

1～4段階の一連の動作に守備体勢をとる練習。

（2）野手編…スローイング練習方法

第1段階

投手の練習方法と同じ

第2段階　第3段階　第4段階

歩幅が違うだけで、基本的には投手の練習方法と同じ。

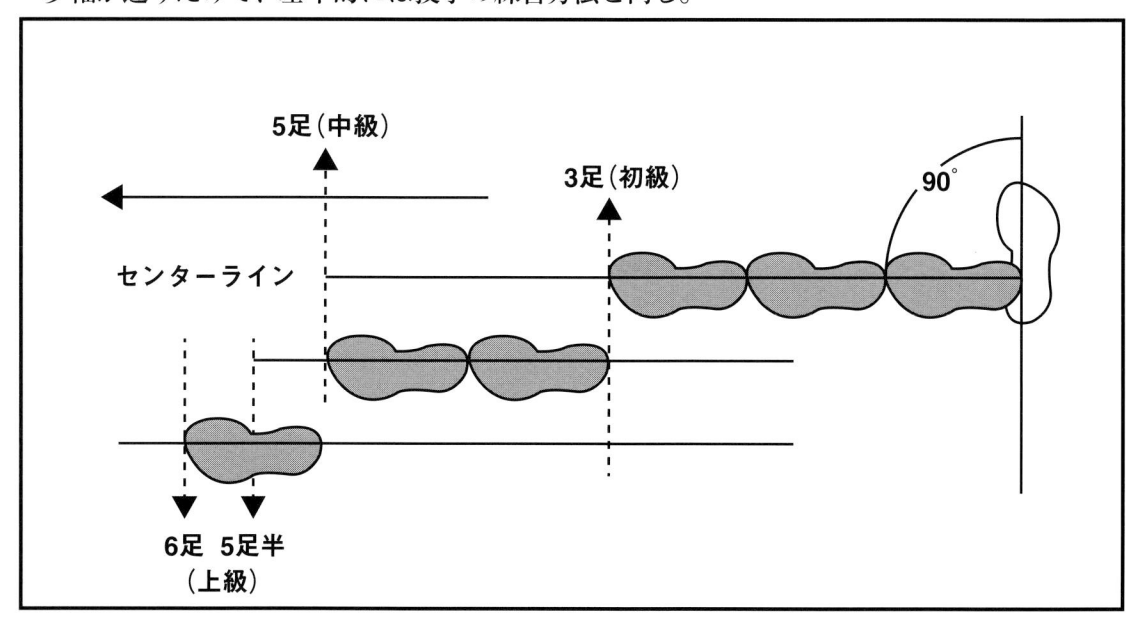

[第5段階]

重心移動の練習（足さばき）。

①内野手

「5方向のゴロ処理ステップの練習」…最短距離で捕球するための練習。

＊軸足は投げる方向に対して90度。リズムは1、2で投げる。

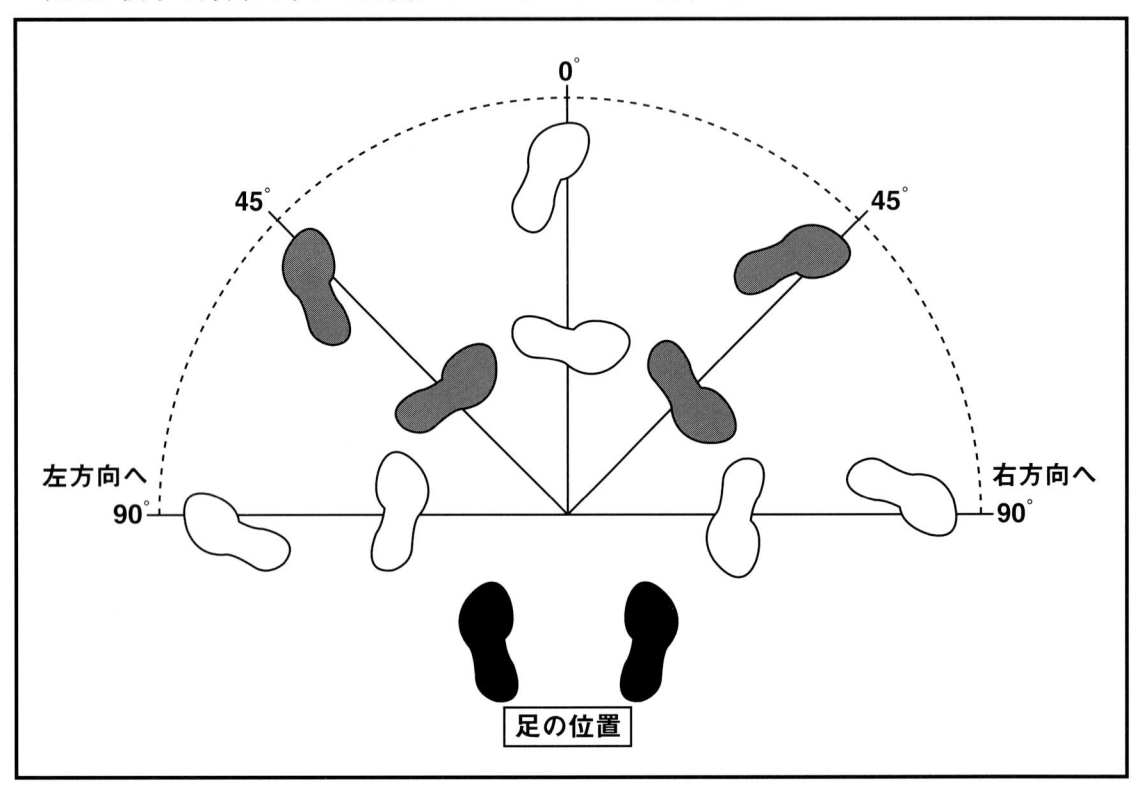

②捕手

＊軸足は投げる方向に対して90度。リズムは1〜2で投げる。

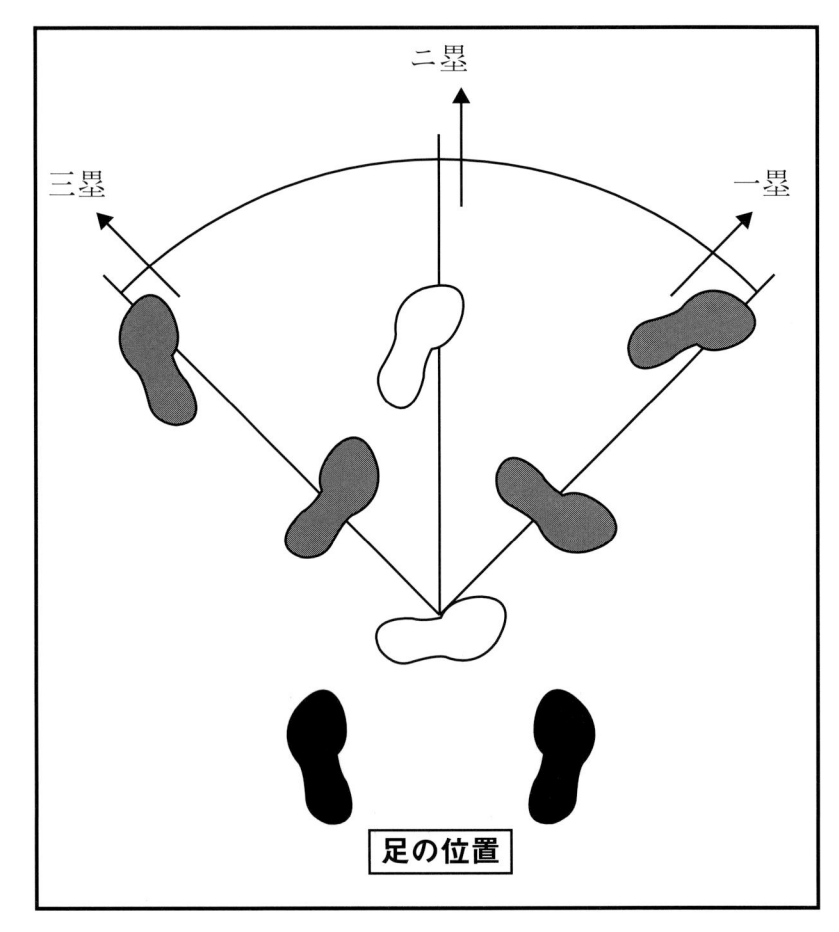

③外野手

＊軸足は投げる方向に90度で、リズムは1〜2〜3。
＊左回り、右回りの練習。

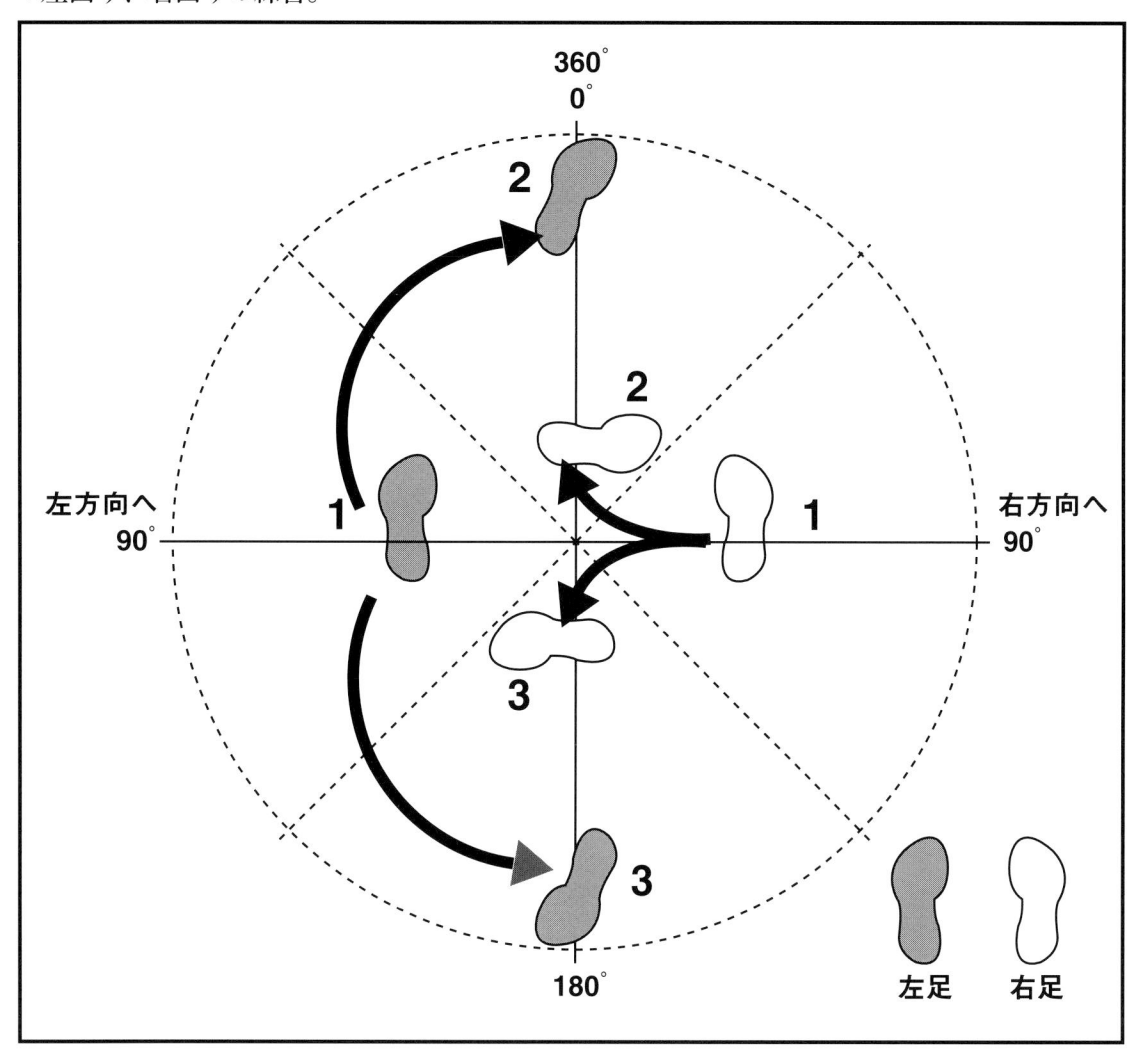

(3)「重心移動」足さばき応用練習方法

＊投手、野手ともに、軸足は必ず投げる方向に対して90度に置く。
＊左回り、右回りの練習。

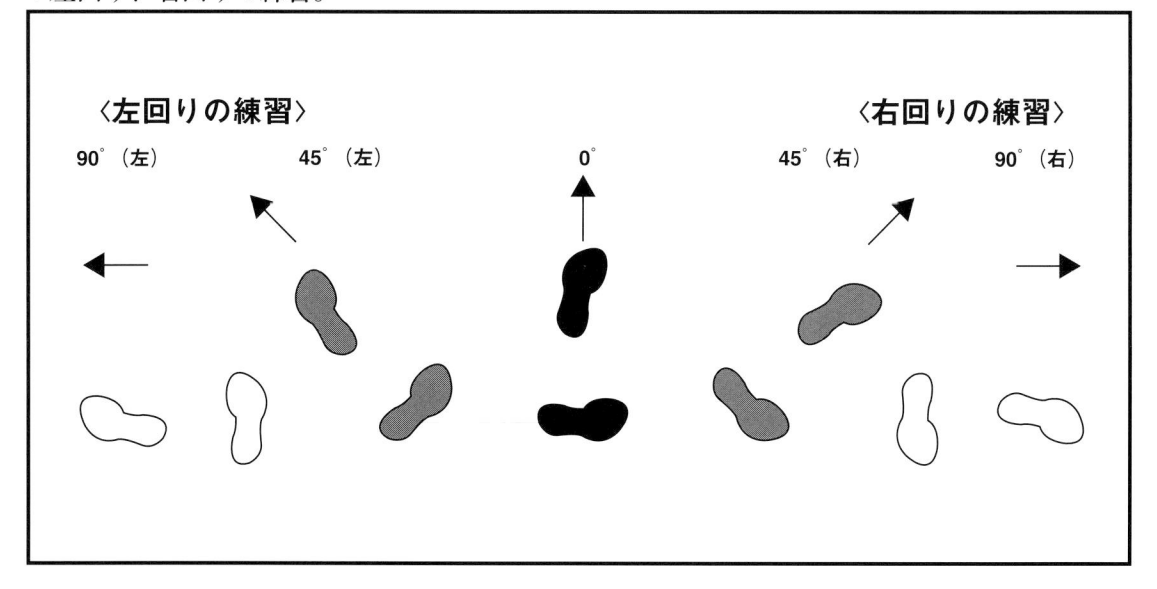

モーションからトップまでのテンポは人により異なるが、「イマトニック」の練習方法を繰り返し何度も練習する事により、自分のスイングを見つけだすことが出来る。

この練習は下半身の使い方が目的であるが、アメリカではこれに類似した、上半身の使い方で練習している。

「マイコン型竹の棒」の開発

この方法で振り込む事により、「投げる筋肉」が養われると同時に、バランス、リズム、タイミングが身につき、自分のテンポを生み出しながら、安定したフォームができあがる。万一、不調に陥った場合でも、フォームの自己チェックが出来る。

長年、この方法で指導を続けているうちに生まれたものが「イマトニックアーム」である。

苦しい練習の中から結果を出す喜びがある。しかし、楽しみながら練習をして、技術、体力を向上させることが出来れば、もっとやり甲斐があるのではないか。

使用原理は従来の「竹の棒」と同じであるが、自己のシャドーが「視覚、聴覚」による感覚だけではなく、実際の数字を表示する「マイコン搭載の測定器」といえる。

この器具でシャドーピッチングする度に、カウント、スピード、設定したスピードのクリアーチェックブザー、ランプの点灯により軌道の確認などが可能となる。

現状の「竹の棒」から生まれた「マイコン型竹の棒」である「イマトニックアーム」を使用し、正しい練習方法を覚えることで、肘、肩に負担をかけず耐久力もつけることができる。

シャドーピッチングは意味なく振り込んでも思うような効果は出ない。前に述べた、正しいフォームで振り込むことにより大きな効果が得られるのである。

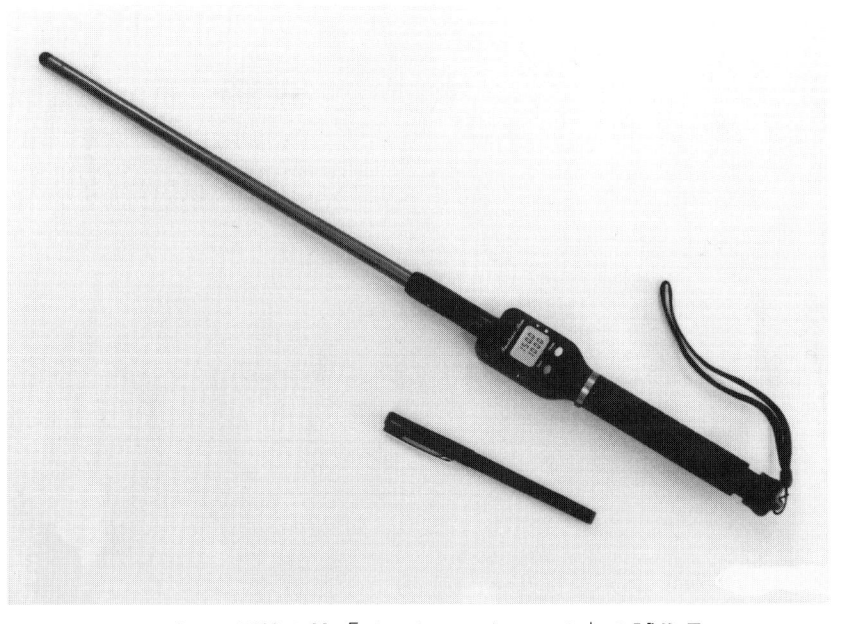

マイコン型竹の棒「イマトニックアーム」の試作品

第七章

2つの投球リズム

2つの投球リズムとは

投球のリズムは、重心をどこに置くかによって2つに分けられる。1つは「上半身に重心」を置き、そこを中心に投球する「高重心投法」と、もう1つは「下半身に重心」を置き、そこを中心にした「低重心投法」である。前者は、「1，2，3」という等間隔の投球リズムとなり、後者は「1，2～3」と間にタメが入る投球リズムになる。

（1）高重心投法の投球リズム

等間隔のリズムである投球法は、「胸の位置に重心」を置き、上半身が下半身をリードして「大木が倒れる」ように投げおろす投げ方になる。

この投法は、上半身の強い者がその筋力を主導的に利用して下半身の力を従的にしか使わない、いわゆる身体全体のしなりが少ないフォームとなる。

米大リーグに代表されるアメリカの投手の多くはこのような直線的なフォームである。

この投法を分析すると、ステップした足が着地した時に、すでにボールを持った腕は「トップの位置」（腕の円運動によって描かれる軌跡の頂点）になっており、そのまま大木が倒れるように投げ下ろしている。

この投法はボールを持つ腕とグラブを持つ腕が離れるタイミング、いわゆる「両腕の割れ」が早く「胸の位置で割れる」のも特徴である。

また、上半身が強いという特性を生かしているため、「さらに速い球を投げよう」と意識すると、肩や腕に力が入り投球が高めに浮くという短所が出やすい。打者から見ると比較的タイミングがとりやすいリズムとも言える。

打者は、投手が左脚をあげ、前方移動にタイミングを合わせてテークバックを開始して待ち構える。打者の球を待つまでのリズムが「1，2」であるから、そのタイミングで投手が同じ「1，2」のリズムで投げれば、打者のスイングのタイミング「3」にぴったりと合ってしまい、簡単にはじき返されるのは目に見えている。

この投法では、いかにボールに変化を与えるかが重要となってくる。アメリカの野球を見ても分かる通り、直球でもボールが沈んだり右左に変化する「ムービングファストボール」や、チェンジアップを多投する投手が増えているのもうなずける。

それどころか、ワセリン（油脂）を手につけたり、やすりでボールに傷をつけて変化を大きくするといった不正投球にまでエスカレートしているのも事実なのだ。

（2）低重心投法のリズム

反対に、重心の位置が低く、間に「タメ」が入る「1，2～3」のリズムの投法は、下半身の円運動に対して上半身の円運動がついてくるものである。また、体全体の筋力や身長で劣る日本人の投手に適した投げ方でもある。

このフォームではワインドアップでもセットポジションでも、ボールを握る手とグラブを持つ手がプレートの真上で、しかも「丹田（たんでん）の位置」で割れる。高重心投法では両手が「胸の位置」で割れていたが、このフォームでは「丹田の位置」までゆっくりと落としてくる。

この点がボールを出来るだけ長く持つことができ、下半身主導の投球となる最も大切なチェックポイントである。

特徴としては、右投手なら左足が着地直前までボールを持った右手は右ひざの下、つまり「トップの位置」に対して「アンダーの位置」（テークバックの一番深い位置）にあることが挙げられる。

この「2～」のリズムの投法は、下半身の円運動が主導で上半身の円運動をリードして身体

の「しなり」を利用しているため、低めにボールが集まりやすい。制球力がつき、球威も増してくる。

「2」でなく、なぜ「2〜」のリズムなのか

　球威とは、字のごとく球の「威力」のことだが、大切なことは打者に対して威力があるかどうかである。球速だけでなく、「キレ」、つまり打者の手元でホップする（伸びる）球質こそ「威力」の本質である。
　140㌔台後半のスピードがあっても打たれてマウンドを降りる投手と、120㌔台でも通用する投手がいるという事例は、「キレという威力」があるかないかということなのである。
　一般的には制球力をつけようとすれば、球速を落とさなければならなく、球速を上げようとすると制球力が乱れるというように、「制球力と球速は相反する関係」にある。
　しかし、私の投球理論は、「キレと制球力は相乗効果」の関係という前提に成り立っている。なぜそうなのか、という前に実際にキレのある投手を見て分かるように、総じてコントロールがいい。球速のみ上げようとしている投手はノーコンなのである。
　私が求めているのは、「キレ」「コントロール」そして「スピード」とも同時に得ようとする大変欲張りな成果なのである。この３つがそろってこそ真の意味の「球威」であり、マウンドに立ち続けることができるのである。
　そのための欠かすことができない条件が「２〜」のリズムであり、この中に「球威」を生み出す秘密が隠されている。（詳細は「重心」、「５つの投球動作」を参照）
　なお念のため「２〜」のリズムを作るための３つのチェックポイントを整理しておく。

＊丹田の位置で両腕が割れているか。
＊着地寸前に投球側のスナップが「アンダーの位置」にあるか。
＊「重心の移動」に伴ってタイミングよく「アンダーの位置」から「トップの位置」まで加速的に腕がスイングアップされているか。

「1，2〜3」のリズムを身につける練習

(1) クイック投法

セットポジションをとって「1」を省き、クイックモーションで「2〜3」で投球練習を続ける。

ステップ側の脚は上に上げずに素早く前へ移動する「素早い重心移動」に連動させて、「ダウンの位置」から「トップの位置」に腕を「加速的にスイングアップさせるタイミング」をつかむ。

あとは身体をピボットさせて投球するだけである。

このスピーディーな投球動作においても、「2〜」のリズムを保持していることが「球威とコントロール」を統一的に得ることにつながる。

脚を上げるというモーションを省くのは、意識が「2〜」のリズム感に集中しやすくなるためだ。

(2)「2〜」のリズム感をつかむために

常日頃から「良いテンポで投げる」ことを念頭に置く。

練習でも試合でも捕手が捕ったらすぐにボールを返してもらい、即座に投球に入る。

1日の投球練習が50球と決まっていたら、かかる時間をできるだけ短くする。

このような短い投球テンポの投球練習によって「1、2〜3」のリズムがつかめれば、私の指導経験では5〜10％の球威はごく短期間に増すことができる。

実際にこのような練習をしてみれば、惰性で何百球投げるより肉体的にかなりキツイことが分かるはずだ。

この練習は投球のスタミナもつけてくれる。

3つのスローイングステップ練習方法

バランス、投球リズムを養うための練習のポイントをあげる。
①投球距離は30m〜50mとする
②相手の顔より低いボールを投げる
③投球リズムは「1，2〜3」。いずれも「4」では前膝（軸足）の上に重心が乗り、一本足の状態を保つ
※練習メニューは3通りで各5球ずつ計15球を投げる

以上の事を心がけて練習しょう。

次にはその3つのスローイング動作を説明しよう。
①…A.セットの状態から、左足の後ろに右足を入れて間を置き、
　　B.左足を前足方向に踏み出して間を置き、
　　C.投げる。
②…A.前方に高くボールを上げ、それを捕球したら即、
　　B.右足を投げる方向に、
　　C.左足で投げる方向にステップし、間を置き、
　　D.投げる

間を置くということは「バランスを整える」意味を含む。
③1つ目、2つ目を覚えたら、通して「1，2〜3」で投げる。
　もう1つは「2，3」のリズムのクイック投法で投げる。

第八章

甲子園で勝つための投球術

投球のテンポ（投球リズム）

　ごく一般的な試合を見て欲しい。投球を受けた捕手は立ち上がって一歩前に足を踏み出し、投手に返球する。この際に「ナイスボール」などと声をかける捕手をよく目にする。投手は投手で、ボールをもらってからゆっくりロージンを手にまぶし、残る7人の野手に目を配らせてから、投球動作へと入っていく。

　この間、打者は何をしているのだろうか。アウトカウント、走者の状況、相手の守備位置等、情報をインプットし、打つべき方向や打球の質（ゴロやライナーなど）を選択する。さらに、これまでの配球や監督からの指示から狙い球を絞り、次の投球に対する自分の打撃の成功イメージを膨らませる。

　ここまで安定したリズムで打席に入れば、打者はかなり高い確率で打ってくる。投手が自分のリズムで投げている時は少々ボールが甘くなっても打たれづらいのと同じ事なのだ。

　甲子園で勝てる投手は間違いなくテンポが速い。返球を受けてサインを確認したら、すぐさま投球動作に入る。考える間もなく、いわゆる「構え遅れ」「立ち遅れ」をさせて、打ち気をはぐらかす。

　1999（平成11）年、セ・リーグで新人ながら20勝をあげた上原浩二投手（巨人）が典型的な例である。テンポの良い投手は野手のリズムもつくるため、守備だけでなく攻撃にも好影響を与える。

　投手だけでなく捕手は膝を着いたまま、即投手に返球して、一緒にリズムをつくる。

　立場を180度変えて、攻撃側はどのように対処したらいいのか。打者は出来る限り間を取って、投手のリズムを崩す。

　とはいえ、高校野球では正当な理由がない限り打席を外すことはできない。そこで監督のサインをのぞく時に十分な間を取るようにする。

　例えば自チームが一塁側のベンチだった場合、左打者なら真後ろに振り返って監督に目をやる。右打者は両足をスタンスの位置から後方に下がるなどして、ベンチをのぞき込む。

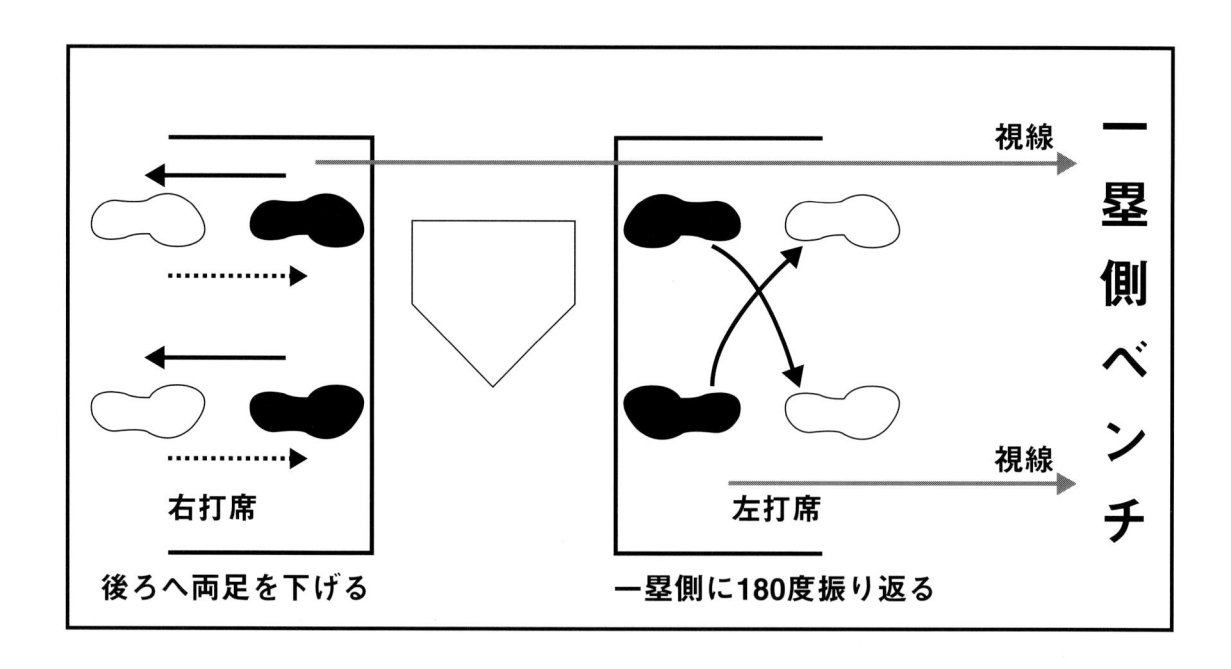

　こうしたタイミングのずらし方は、特に変化球主体の軟投派投手に有効である。

　この方法を夏の甲子園出場チームで指導した結果、愛知・豊田大谷は1998（平成10）年ベスト4、青森山田は1999（平成11）年ベスト8進出となった。

コーナーへの投球

　制球力は投手の生命だと言われ続けてきた。1球の過ちが命取りとなるトーナメント方式の高校野球では、なおさらである。

　これまで解説してきた「重心」や「2つの円」と「3つの三角形」による理想的な投球フォームを身につければ、右投手なら右打者の外角（左投手なら内角）へ決まるようになる。問題は、**右投手の右打者に対する内角（左打者に対する外角）と、左投手の左打者に対する内角（右打者に対する外角）**である。

　例えば、右投手が右打者の内角を狙った場合、そのまま投げるとシュート回転で力のないボールになりやすい。

　まず、下半身の円運動をしっかり行わないといけない。

　アウトコースに投げるときよりもしっかり下半身を使い、体全体が捕手の方向に、特に一塁側に移動しないように投球すること。

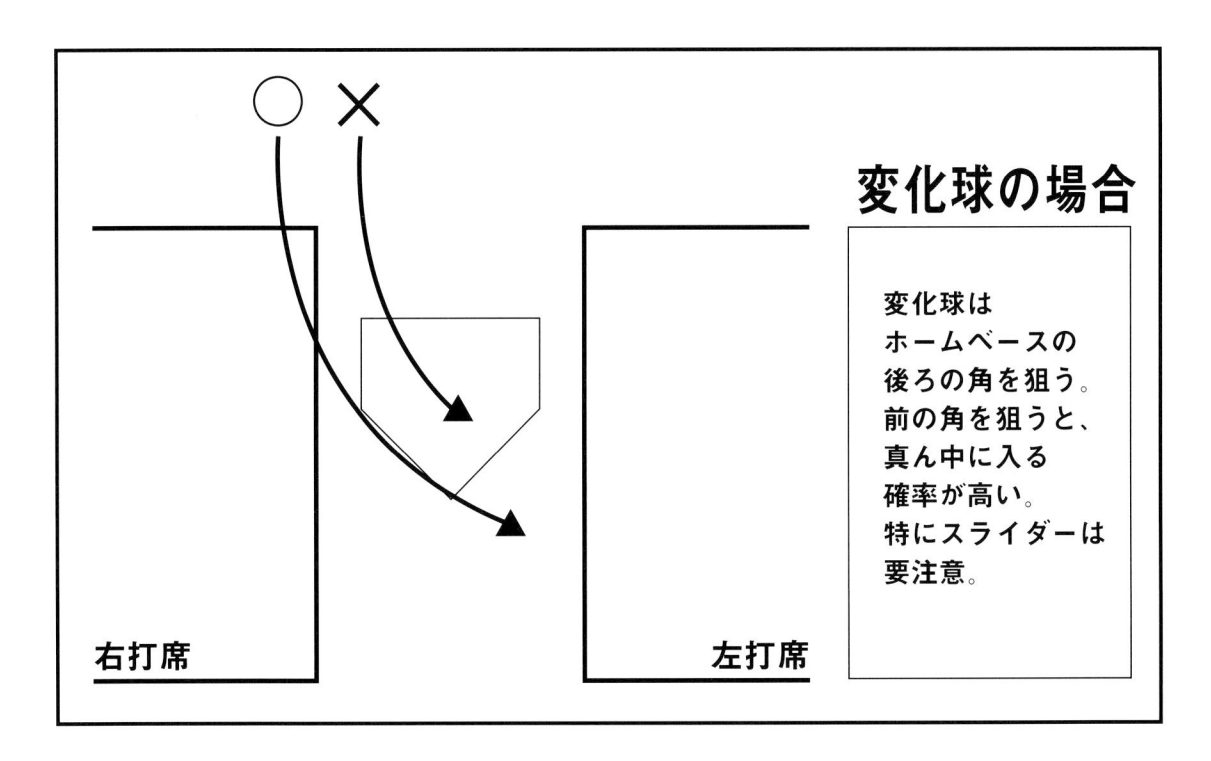

変化球の場合

変化球はホームベースの後ろの角を狙う。前の角を狙うと、真ん中に入る確率が高い。特にスライダーは要注意。

（図：右打席・左打席、○と×のコース）

　さらに、右肘と手首の使い方が重要になってくる。

　内角に投げようとする時、リリースで右肘をホームベース前側の角、手首をその後ろの角に置くようにイメージして腕を振る。

　フォロースルーでは、外角低めに投げ込む時は左膝の外側に腕が入ってくるが、内角の場合は体全体が捕手方向に向かうようにフォローをとり、センター軸に向かうように腕を振り下ろせば、バックスピンのかかった力のある速球を投げることができる。

　10球の内6～7割、インコースを攻めるのが理想的な投球といえる。逆に左投手は右打者の外側に6～7割のウェートを置く。

変化球の投げ方

　高校野球でも変化球は全盛時代を迎えている。甲子園で勝つ投手なら、3種類程度の変化球を持つのは普通になった。

　反発力のない木製バットの時代なら、球威を磨いて力でねじ伏せる投球も可能だった。しか

し、1974（昭和49）年に導入された金属バットは、軽いうえに反発力もあるため、体力のない選手でも遠くへ飛ばすことを可能とした。

さらに、打撃マシンの普及によって高校生でも140㌔台の速球を打ち返すことができるようになっている。

いきおい、変化球でかわす投球が重要になってきたのだ。

まず、変化球の基本と言えるカーブの投げ方を説明しよう。

カーブはタイミングと手首の使い方が何よりも大切となる。第七章で投球のリズムは「1，2の3」であると説明したが、変化球の場合はワンテンポ残し、「1，2，3の」となる。ストレートより、重心の移動をワンテンポ遅らす。

鋭い変化球を投げようとする時、投手は早めに重心移動して上体が前に突っ込む事が多い。これではかえって手首が使えず腕が振れない原因となる。

大切なのは、腕を鋭く振るために速球の時よりもワンテンポ早くトップをつくることだ。

そこから円運動を使って重心を移動していく時に、手首を内側（体側）に入れて、ボールをまっすぐ切る（親指の先が捕手の方向になるようにボールを回転させる）。そして腕はセンター軸（左足の前）に向かうようにフォロースルーをとる。

高校生を指導していると、ボールを切るときに手首を真横に回転させる投手が多く見られる。これではボールに正しい回転が伝わらずにすっぽ抜けてしまう。実際に指導したK投手が典型的な例だった。親指を捕手方向へ向けるコツを覚えさせたところ、カーブ、スライダーとも切れを増して、1998（平成10）年夏の甲子園でベスト4に進出した。

《指導例／浜田高校・和田君、長崎日大・山中君、崎田君、松商学園・松下君》

配球

140㌔を超える速球が投げられても、いくら鋭い変化球を持っていても、同じ球種やコースに投げ続ければ、目の慣れてきた打者には簡単に打ち返されてしまう。だから、配球は益々重要になってくる。

ストライクゾーンの攻め方の基本を、ストライクゾーンを9分割して解説していきたい。

①バッターの目に近い⑦、⑧、⑨にバックスピンのかかったボールを投げる

高校野球だけでなく、プロ野球などを見ても、バッテリーは高めに投げることを避ける傾向がある。恐らく高めは長打を浴びやすいという先入観があるからだろう。

しかし、バックスピンのかかったボールを投げれば、打者は目から近いため手を出しやすく、結局ボールの下をこすったり、空振りしたりとアウトをとる確率は高くなるものだ。

徹底的に低めを攻めながら、たまたま浮いた高めのボールを痛打されることをよく見かける。このように低めを狙って高めに浮いた球は重心移動が早く、スピンのかからない棒球になるからで、この球こそ一番長打を浴びやすいボールなのだ。

正しいフォームから高めを狙い、スピンのかかった伸びのあるボールを投げることが大切だ。

②バッターの目から遠い低め①、②、③に落ちるボールを投げる

内角高めの速球を見せておいて、外角低めに落ちる変化球を勝負球とする。目から一番近いボールのイメージを打者に植えつけておけば、外角低めの球は余計に目から遠く感じられる。

打者は錯覚から焦りが生じ、少々ボール球でも手を出してしまうものだ。このように打者の対角線を攻めるのが配球の基本となる。

ヤクルト・古田捕手が、1995（平成7）年の日本シリーズでオリックスのイチロー選手をこの方法で封じた。

空振りゾーン

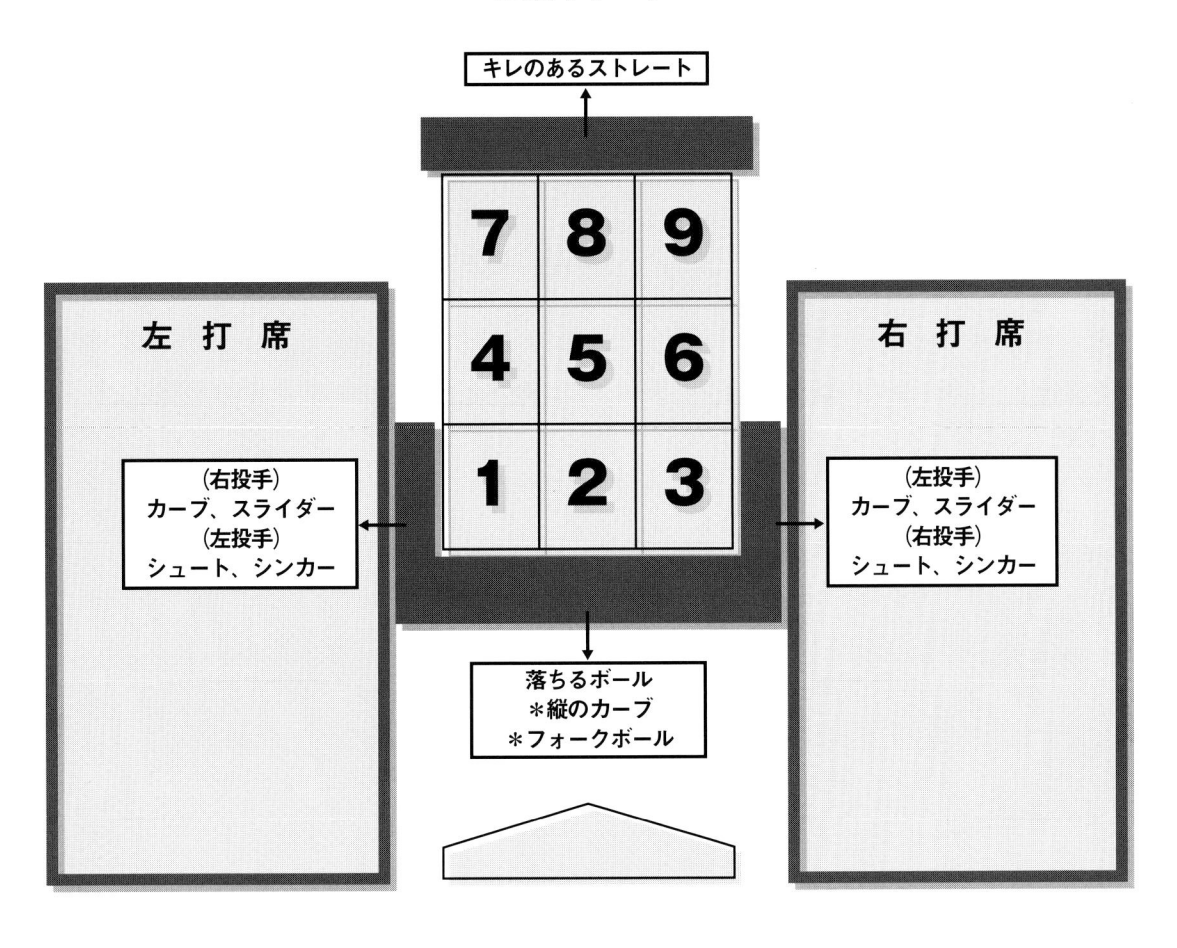

```
        ┌─ キレのあるストレート
  7 8 9
  4 5 6
  1 2 3
```

左打席 ← （右投手）カーブ、スライダー／（左投手）シュート、シンカー

右打席 → （左投手）カーブ、スライダー／（右投手）シュート、シンカー

落ちるボール
＊縦のカーブ
＊フォークボール

ゴロ……凡打ゾーン

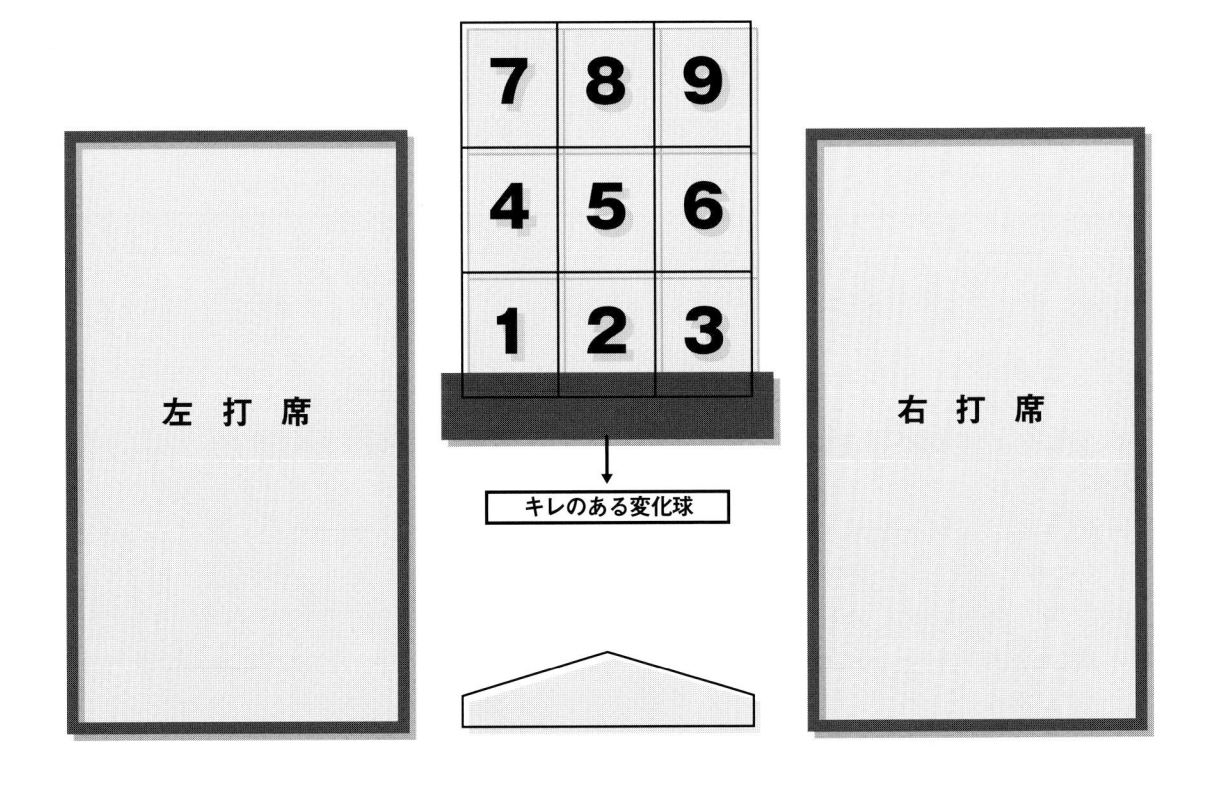

```
  7 8 9
  4 5 6
  1 2 3
```

左打席　　右打席

キレのある変化球

★第八章…甲子園で勝つための投球術

コース別の攻め方としては、全投球数の6割から7割をインコースに集める。

高校生のレベルで肘をたたんで打てる選手はごく一部に限られるため、一番バットの芯でとらえづらい球となるためだ。特に内角高めへの速球は最も安全な球と言える。

間がとりにくく、バットコントロールが一番難しいため、たとえバットの芯でとらえても、ファウルの確率が高い。

右打者の場合、⑨への速球と①への変化球を投げ分けるのが最も有効な攻め方となる。①への変化球は片手ですくわれたり、前のめりになりながらライト前へポテンヒットにされたりと、タイミングを外されても対処しやすい球もある。そこで⑨の速球を巧みに使った配球で①の変化球をより打ちにくくする工夫が必要となる。

また①の変化球も、縦に落ちるカーブと横に切れるスライダーなど2種類を用意しておくのも大切だ。

「打つ」とは投手の投げる球を90度のフェアーグラウンドにたたき返す事であり、一番打ち返しづらいのが内角高めと外角低めとなる。この2コースを巧みに使い分けるのが配球の基本となる。

タイミングの外し方

目を見張るような速球も変化球もないのに淡々と打者を打ち取る投手がいる。三振は取れなくても緩急をつけながら凡打の山を築き、勝利を手中にする。このような実戦派の投手は、例外なく打者のタイミングを外すことに長けている。現阪神タイガースの左腕投手・星野（元オリックス）の緩急の使い方が良い例である。

タイミングの外し方は大きく分けて次の2つの方法がある。

①スローボール

速いモーションでスローボール（スローカーブなど緩い変化球）を投げるのが基本となる。

速球と遅い緩い変化球の速度差を30㌔はつけたい。これだけの速度差があれば、速球が120㌔台でも打者にとっては実に速く見え、打者はタイミングを取りづらくなる。

スローボールと言っても、ゆったりとしたフォームで投げると、引きつけられて簡単に打たれる。速球のタイミングで待っている打者に対してフワリと投げ込むから有効なのだ。速球を投げる時と変わらない速いフォームでスローボールを投げる。それが最重要ポイントだ。

オーバースローは体重移動で投げるが、軸足の重心を残したまま前足の拇指丘と膝の裏のセンター軸を起点にして回転させる。サイドスローやアンダースローは軸足の回転と共に前足に重心が乗ってきたら上半身回転に移る。各々、その投法でスローボールを投げるとコントロールがつく。

《指導例／長崎日大・崎田君、帝京第三・渡辺君》

②クイック投法

盗塁を阻止するクイック投法を走者のいない時も時折交えて投球すれば、打者は不意をつかれて振り遅れる。また「フォームのテンポが一定でない」とインプットさせれば、相手にとって大きなプレッシャーを与えることになる。

クイックで制球よく投球するには、まずセットポジションの構えから1足から2足分歩幅を広げ、プレート側の軸足の膝を軽く捕手側に折って重心を下げる。次に前足は這うように低くステップし、同時に上半身は早めにトップをつくる（早くトップをつくるために、右手と左手は膻中の前でセットしておく）。

つまり第七章で説明した「1，2，3」のテンポで投げるのであり、トップからアップダウ

ンで投げ下ろして守備体制に入る。
　そのリズムを覚えたら、速球だけでなくカーブなども練習しよう。
　この投法は実際に多くの甲子園投手に試してみたが、中には優勝投手も生まれるなど効果は絶大だった。特にクイックからカーブを投げられるようになれば、打者のタイミングを2段階でずらすことになり、高校生の打者ではほとんど対応できないと言っても過言ではない。

第九章

印象に残る甲子園出場投手の指導実例

★前田 幸長（福岡第一高校 → 現、中日ドラゴンズ）

　私が指揮していた福岡第一高校の教え子である。卒業後は千葉ロッテ、中日ドラゴンズと活躍中であるが、中学生時代は軟式野球で那珂川郡（福岡県）の地区予選で2回戦までしか進んだことのない投手だった。

　高校入学時は体格も165cm、56kgと小柄なため、投手として育てるにはかなり細心の注意が必要だと感じた。

　育成メニューとしては、入学後から夏場までは「体力づくり」と「フォーム固め」に終始した。ひと口でフォーム固めと言っても、実際のボールを数多く投げさせると肩、ひじに負担をかけてしまうので、センター軸を意識した姿勢作り、体力づくり、シャドーピッチングを徹底させた。これには1か月に1万回（週1日は完全休養させる）のノルマを課した。しかし、投球練習では決して50球以上投げさせるこはなかった。

　少々の実力を持っている投手であっても、入学したての1年生がいきなり1試合を投げ抜き、抑えることは不可能に近い。ましてや、当時の前田投手には無理なことであった。段階的な起用法として、勝っている試合の後半にワンポイント、次は1イニング、その次が3イニング、様子を見ながら完投させて見るなど、辛抱強く、一歩ずつ確実に成長させていく。

　さらに「この投手を育てたい」と思った場合、本番で使える目途が立たなくても、夏の県大会でベンチ入りさせる。また、高校生の投手として、十分な力がついてきたら、練習試合では、いくら打たれても投げさせ続けるなどの体験をさせた。

　このように、投手に場数を踏ませるのが何よりも大切なのである。根気を要する指導ではあるが、その結果、彼は1987（昭和63）年の春夏連続出場で夏の甲子園では準優勝投手という輝かしい成績を残した。

　前田投手については、非力ではあったが、集中力があり、練習メニューを懸命に消化する本人の頑張りがあった。同時に上半身と肘の柔軟性、腰のバネの強さという天性の優れた体質があることを見極めていたので、課した練習でうまく力を引き出せることができたと感じている。

★古里 泰隆（福岡第一高校 → 元阪神タイガース）

　福岡第一高校では前田投手の1級下にいた本格派右腕投手である。彼は中学時代に全国大会に出場するなど定評の投手であった。全国区の強豪校からも勧誘されていたが、私の投手育成の練習方法を見て入学することになった。

　彼は100mを11秒台で走り、入学時から高校生並の体力を備えているなど、潜在能力に恵まれていた。

　ところが、ある時期から上体が前に突っ込み、右ひじが下がってしまった。このクセを矯正する必要があった。

[矯正箇所]
①**上体の突っ込み**
＊1本足の立ち座練習（片足で真っ直ぐ立ち、体がぶれないように立つ）…自分の体で覚える事が大切
＊プレートの上で軸足のカカトを上げ、カカトがプレートを踏むまで軸足の重心移動はしない。
②**右腕のひじを上げる（高くする）**
＊重心がプレートの上より二塁方向にかかるので拇趾丘の位置に置く。
＊下の円運動が横回転気味なので、縦回転に直し、上の円運動と同一角度にした結果、バックスピンのかかった145キロのスピードボールが出て、制球力もついた。

★岡本 克道（柳ヶ浦高校 → ダイエーホークス）

　現在ダイエーホークスのストッパーとして活躍している。彼は体の柔軟性を生かし、元来カーブの鋭い魅力的な投手であったが、両手のワレが早く、軸足の折れも早いという欠点があった。

　彼が２年生の時に依頼されて１か月間預かり、体の使い方（バランス）、シャドーの振り込みを徹底して指導した。

★久保 尚志（観音寺中央高校 → 中央大学 → 鷺宮製作所）

　1995（平成７）年のセンバツで、初出場・初優勝の快挙を成し遂げた、観音寺中央高校の優勝投手である。

　最初に同校へ指導に出向いたころ、下級生だった彼は捕手をしていたが、地肩の強さと天性の制球力を買われて、後に投手に転向した。

　実際に投球練習を見ていると、ステップは真っすぐ投球方向へと踏み出し、全体のバランスは申し分なかった。そのバランスがスピードと制球力を生み、またテンポよく投げ込むので実戦的な投手だと感心した記憶がある。

　彼には投球の幅を広げるため、縦のカーブを習得させた。甲子園では彼の持ち味を発揮して輝かしい栄冠をかちとった。

★和田 毅（浜田高校 → 早稲田大学）

　1998（平成８）年夏の甲子園で同校を初のベスト８へと導き、脚光を浴びた左腕投手である。

　たまたま福岡第一高校を率いていた私が遠征に出向いて練習試合をした際、ブルペンで指導する機会に恵まれた。

　左腕投手の彼はアウトコースへの直球が定まらなかった。左投手が右打者と対戦するとき、アウトコースの直球は生命線となる。この直球が決まれば、真ん中からインコースへと流れるカーブとのコンビネーションで打者を抑えることができるからだ。

　彼はクロスステップしていたので、踏み出す位置とアウトコースの投げ方を指導した。

★上田 晃広（豊田大谷高校 → 愛知大学）

　1998（平成８）年夏の甲子園準々決勝で先の和田投手（浜田高校）を下してベスト４入りした大型右腕投手である。

　実際に指導したのは甲子園大会に向けて大阪入りした直後という急場だったが、まず、捕手と一緒に配球を考えさせた。特に右打者に対するインコースの使い方とカーブ、スライダーの投げ方を指導した。カーブやスライダーにキレがなく、すっぽ抜けていたからである。

　カーブを曲げようと意識しすぎるあまり、上体が前に突っ込み、手首を柔らかく体の前で使えない。スライダーも曲げようと意識するあまり、手首を横にひねっている。これは高校生に多く見られるクセである。そのボールがスライダーと勘違いしていたのである。

★百武 克樹（長崎日大 → 亜細亜大学）

　高校時代、オーバースローで140kmを超す速球を投げ下ろしていたが、常に制球力が課題であった。そこで３年生の夏を前にサイドスローに変えて投球させた。

　下の円、上の円がバラバラだったのが安定した投球を妨げていたのだが、大会目前の時間的に厳しい時期にオーバースローを矯正するのは困難。

　よく見ると「下の円」の使い方がサイドスローの使い方に近く、上と下の円運動が同一角度

になりやすいことを考え、思い切ってサイドスローに変えさせることにした。結果、制球力、球威が見事にアップした。

大学に進んでからは、体力ができてきたのでオーバースローに戻し、東都大学リーグでもエース格として活躍している。

★崎田 忠寛（長崎日大高校 → 国学院大学）

日本ではオーバースローと言っても実際はスリークォーター気味の投手が多い中、彼は純オーバースローの投手である。

課題は、平行（両肩）ラインよりグラブの手（左手）が上に（頭の高さまで）上がる。それでは、リリースまでに全体がぶれ、両肩がアップダウンしてしまう。その結果、制球力が定まらず、ボールが自然に高めに浮く。

アップダウンをなくすためには、グラブの使い方を矯正することが大切。平行ラインよりグラブを上げず、左ひじにゆとりを持たせ、左ひざの外側にグラブを置く。それを基点に回転させるのである。矯正の結果、ストレートと変化球でストライクがとれるようになった。

もうひとつ、スローボールの投げ方も指導した。覚えたスローボールも使い、夏の甲子園ではベスト16に進出した。

★中村 和樹（宇和島東高校 → 三菱重工三原）

ステップ足のワレが早く、左ひざが割れる欠点があった。前足でリードして、クロスステップし、左ひざが一塁側に割れていた。

タイミングのとり方、重心を移すこと、前足基点に回転する指導をした。

★松下 恵介（松商学園高校 → 専修大学）
★久保田 真基（松商学園高校 → 駒沢大学）
★川上 浩希（松商学園高校 → 国士舘大学）

彼らを率いた松商学園高校の監督中原英孝氏は明治大学野球部の同期生である。

きっかけは、彼らの中学時代の関係者からの依頼があって指導したが、夏の大会を前に6月から1か月間みっちり指導。見事甲子園の切符を手に入れた。

彼らには、縦のカーブを覚えさせるために、トランプを用いて、手首の使い方を指導した。非常に効果的な方法である。（79ページ参照）

彼らはシャドーの振り込みを月1万回（久保田、松下）達成した。

翌年にはバッテリーを含め、久保田、川上両投手が「竹の棒」の振り込みをした。夏の甲子園では連続出場でベスト16に残った。

★高木 康成（静岡高校 → 近鉄バファローズ）

ピッチングコーチをしていた太田智之氏が私の投球理論に理解を示し、同校へ指導に招かれた。その際「投手としての条件について」話をしたところ、翌年「その条件に近い選手を探してきました。入学してきましたよ」という報告があった。その投手が高木君であった。

太田コーチの元ではシャドーピッチングをはじめ、土台作りをして、力をつけた。3年生の夏、甲子園ベスト16の成績を残した。

★筑川利希也（東海大相模高校→東海大学）

東海大相模高校1年生の夏に同級生の野原慎太郎投手（→横浜国立大学）と2人で「指導を受けたい」という連絡があり、自宅を訪ねてきた。短い時間であったが、正しい立ち方（姿勢）、正座からの立ち座の練習（重心）などの指導をし、スポーツ選手としての栄養についてもアド

バイスをした。
　その際、運動能力が高く、バランスも良く、関節も柔らかい投手であることを感じた。その後の春の選抜大会では見事、優勝投手となった。
　大学入学を前に「シャドー」の練習方法を勉強したいということで、再度依頼があり、今度は同級生3人とやってきた。
　野原投手はサイドスローに変えたいと言う希望があり、実践指導をした。

　その他にも技術指導をして記憶に残る甲子園出場投手を紹介しよう。（略敬称）
☆長崎日大高校……中村隼人（創価大―本田技研―日本ハム）、峰（拓大）、竹野（東洋大）、山中（中央大）
☆宇和島東高校……福島、近平（近大）、大星（福工大）
☆柳ケ浦高校……野村（神戸製鋼）、信国、山口、井出（新日鉄八幡）、岡本総司（新日鉄大分）、大崎（鷺宮製作所）
☆京都西高校……川口、富永、山田
☆八幡商業高校……西川

第十章

アメリカ大リーグ（シアトル・マリナーズ）野球レポート

「野球のルーツ」は、やはりアメリカにあると思っている。

アメリカ流野球の真の姿を研修することにより、今後の野球指導にも生かしていきたいとの考えから、何度となく渡米を重ねている。

アメリカでは数多くのチームのキャンプ地を訪問した。そのうちのいくつかのチームでは内部を視察・研修する機会を得ることが出来た。

その経験は「アメリカ野球」に対する見聞を広め、認識を新たにした。

アメリカ野球に関しては、我々はほとんどがメディアを通して情報を得ている。このため、そのイメージから全てが「力対力」のパワーそのものであるかのように思われがちだが、キャンプにおいては、実のところ、そうではなかった。

4年前にも他の球団で私の「実践理論」の一部を紹介した。そこでは現在も私の理論を取り入れて練習していることを既に承知していたが、その折りに知りあった、現ロスアンゼルス・ドジャースのメジャーピッチングコーチ（当時オークランド・アスレチックス 1Aの監督）である、ジム・コルボーン氏と意気投合、彼の仲介で、1999（平成11）年10月、シアトル・マリナーズ球団の教育リーグのキャンプにスペシャルピッチングコーチとして招かれた。

マリナーズのコーチ陣を前にボードを使って「今任理論」を展開する著者

教育リーグとはメジャーリーグ、マイナーリーグの中から、球団に選ばれた選手が参加するキャンプである。

＊ドラフトされたばかりでスプリングキャンプに行けなかった選手。
＊新しい球種を身につけるために参加する投手。
＊スイッチヒッターになるための練習。
＊コンバートのための練習（他のポジションを身につけるため）。
＊メジャーで故障した選手の調整。

かねてより温めていた私の「投手実践理論」を披露すると同時に、2週間にわたるキャンプ地での練習を視察することは大きな意義があった。

その後、2000（平成12）年2月にも私の考案による「イマトニックアーム」とネーミングした試作品の実験を兼ねて渡米した。「投手実践理論」出版を前に、アメリカの野球指導者が、私の理論にどの程度の理解と反響を示しているかという試みも目的だっ

竹の棒を使った「イマトニック理論」を実践するマリナーズのピッチングコーチ

た。

　幸いにも私の理論に基づく練習方法がチームに取り入れられていると聞き、一層、野球関係者の方々にこの「理論書」を読んで頂きたい思いを強くした。

　もう一方の目的である「アメリカ流野球」の練習方法について球団関係の方の説明と私の視点から少々紹介してみることにする。

　アメリカのプロ野球は現在30チーム。しかし、練習方法はチームにより多少の違いがある程度で大差はないようである。

　大きくは「組織管理による教育システムの徹底」「マンツーマンの指導」「合理的な基本練習」の3点に強い関心を持った。

(1) 組織管理による教育システムの徹底

　簡単に言えば、チーム全体が一貫してコーチングをしていることである。

　日本のプロ野球各球団が1軍・2軍から成り立っているように、米野球では各球団はメジャーリーグ・マイナーリーグとで形成されている。

　そのマイナーリーグの中身は3A・2A・1A・ルーキーのリーグに分けられる。もちろん我々に報道されるのは頂点のメジャーリーグに所属してプレーする選手である。

　一般的には選手は入団時にドラフト1位、2位であっても、まずルーキーリーグに所属してスタートする。そこから実力によって、ランクアップしていくことになる（トレードの選手は例外）。

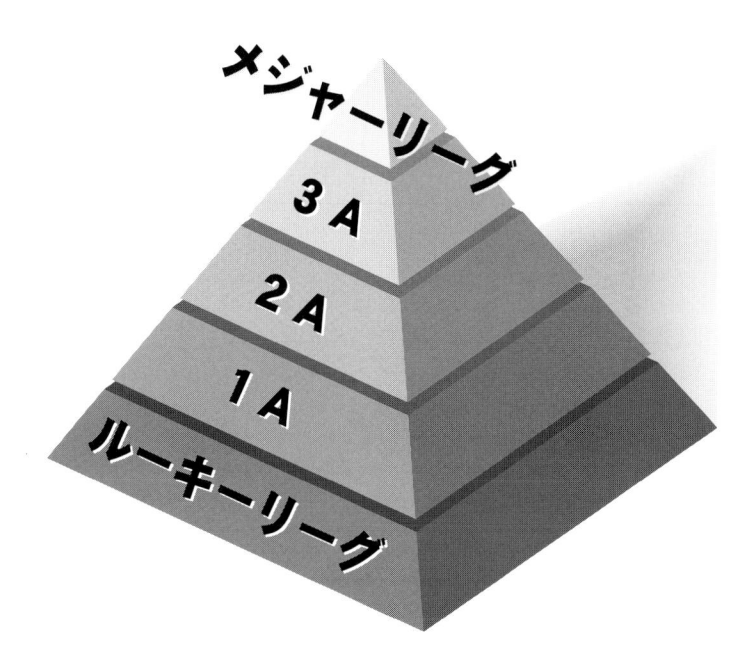

　選手を指導するコーチ陣はどうかと言うと、やはりルーキーリーグのコーチから始まり、経験を積んで上のリーグに上がって行くシステムで、こうした経験を積まないまま即メジャーリーグのコーチになることはほとんどあり得ないそうだ。

　各リーグには組織図のようにピッチング、キャッチング、バッティング、ウェイティングコーチを配し、その中からピッチング、キャッチングについては「巡回コーチ」を設けていて、大変重要な役割である。

　コーチがそれぞれ異なった指導方法をしていると選手たちは戸惑うことになるが、ここでは指導方針、方法を一貫したものにするため巡回コーチが全てのリーグを常に巡回してそれを徹底させているのである。

　例えば、一選手のフォームを修正するにしても必ずコーチ間のミーティングを充分にして、実践する。守備の変更等も同様である。

(2) マンツーマンの指導

　指導の方法を観察していると基本的にはマンツーマン方式で練習している。特に投手に関しては徹底して、つきっきりのチェックをしている。

　具体的には、ベースタッチの練習にしても、カゴいっぱいのボールを選手はコーチとマンツーマンで続ける。単純な練習であるが気は抜かない。

　グラウンドでの実践練習の場ではコミュニケーションが絶えない。選手同士は言うまでもなく、コーチは選手との会話も絶やさない。信頼関係を築く為であろう。選手が充分に技術的な向上ができるようメンタル面でも配慮しているのが分かる。

　当然、毎日のメニューに沿った練習を全て消化するわけであるが、かなり細かい分刻みのメニュー。いかにも忙しそうではあるが、午後早々には練習が終わる。

　選手は思うように結果が出せないと、精神的に行き詰まる場合がある。その場合も時間をかけて選手が納得出来るまでコミュニケーションを続け、技術とメンタルの指導を並行して行っているようである。

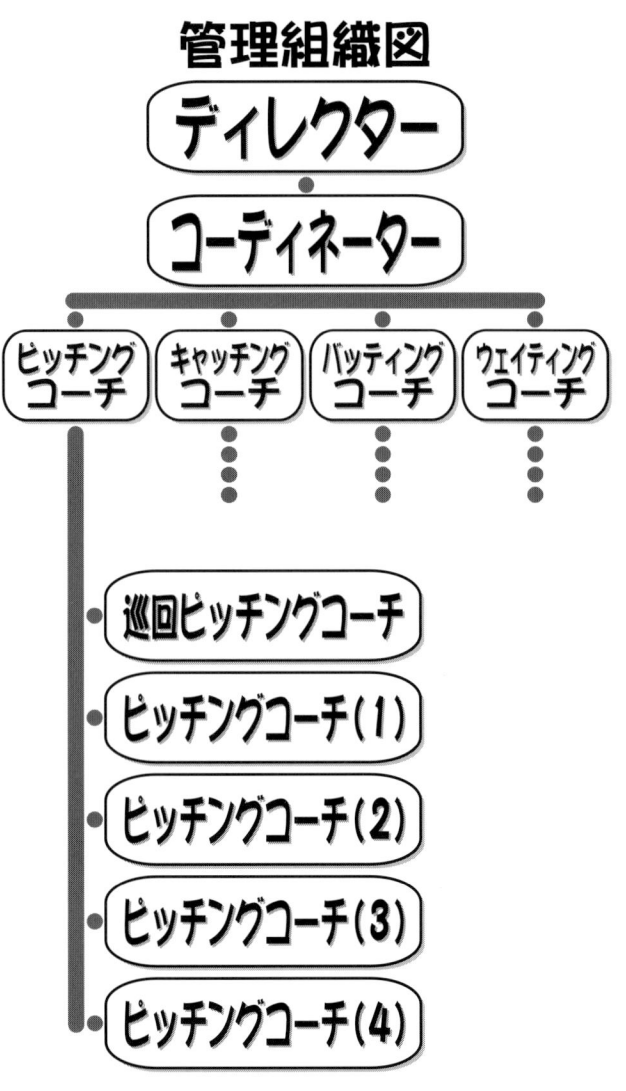

　偶然にもその一例とも言える状況にいあわせたことがあった。教育リーグに参加しているドラフト上位で入団した一選手の話である。

管理組織図

```
ディレクター
    │
コーディネーター
    ├──────┬──────┬──────┐
ピッチング  キャッチング  バッティング  ウェイティング
 コーチ    コーチ      コーチ      コーチ
    │
    ├─ 巡回ピッチングコーチ
    ├─ ピッチングコーチ(1)
    ├─ ピッチングコーチ(2)
    ├─ ピッチングコーチ(3)
    └─ ピッチングコーチ(4)
```

日米の投手のピッチングの違いなどを説明する著者にマリナーズ首脳陣は真剣な表情

彼は他チームとの対抗試合で自分の結果がなかなか出ないので、ベンチに戻って用具をたたきつけてしまった。周りの選手もコーチも気にも止めない様子。

　しかし30分ほどして1人のコーチが彼のそばにすっと寄ってきて何やら一言二言、2人は少し離れた室内バッティング場の木陰で立ち話しを始めた。

　コーチは強い口調でもなく、一方的でもなく、選手に話しかけている。それに選手も冷静に応えている様子であった。

　1時間ほどを経過した後、コーチはこの選手を他より一足先にロッカールームに引き上げさせた。その様子から多分コーチは選手のプライドを傷つけず、彼を諭し、精神的なフォローをしたのではないかと想像できる。私が思う「アメリカ流指導方法」の一部を垣間見たような気がする。

(3) 合理的な基本練習

　実践練習は比較的短時間で繰り返しやるが、決して急激な内容ではない。

①ティーの練習はど真ん中をセンター、ライト、レフト方向に打ち分ける。

　左バッターを想定したウエストの練習は各1球で終わる。

②投手は真ん中低め、アウトコース低め、インコース低めに投げるが、40球以内にとどめる。

　投手が踏み出す足は（ホームベースの延長戦上で）ど真ん中が基準である。スローイング練習はボールは常に低めに投球し、45度のキャッチボールはしない。

　選手の体力、技術向上の為に近代的な機械の開発を重ね駆使しているが、その一方ではあくまでも選手自身がグラウンドにおいて1つ1つの基本的な体力、筋力、脚力をアップするための努力を重ねている。

　その姿からはあのアメリカンベースボールの華やかさは微塵も伺えない。

　地道で的確な練習こそが「アメリカ流野球」であり、試合に繋がる真の力となることを再認識した。

謝　辞

私は1945（昭和20）年に満州（新京）で生まれました。母は敗戦により1年あまり中国の地を逃げ回り、命からがら私たち兄弟をつれて、母の故郷の地へたどり着きました。その地から、私の野球人生がスタートしたのです。

佐賀県多久市立緑が丘小学校の5，6年生には、西山和秀先生に、初めて野球の楽しさを教えて頂きました。

多久北部中学校時代は、岸川一雄先生に出逢い、自らバッテングピッチャーをしながら、本当の野球を教えてくださいました。

佐賀商業高校では、故城島元明先生の指導を受け、グラウンドの出入りに一礼をする姿が記憶に残っています。

明治大学では、故島岡吉郎監督の野球理念である4つの柱の教えを受けました。

卒業後、鷺宮製作所では中川政直監督のもとで社会人野球選手として最後の現役生活を過ごしました。

それぞれの恩師の教えが、この年齢になり、やっと理解できるようになりました。その壁をまだ、乗り越えることはできませんが、今後の人生のなかで経験を重ね、恩師に近づいていけるよう心がけて行く所存です。

半世紀余の人生を経て、私なりに地道に積み重ねた野球の指導を説いた「野球理論」を、自分と同じ夢を抱いて野球の道を進む、若いプレーヤー、また彼らを育てる指導者に少しでも理解して頂ければ幸いに思います。

長年温めておりました「理論書」が完成することは、私の念願でありました。しかし、「理論」は進化するものです。これは現時点で私の「理論」です。

刊行に至るまでの道のりに、多くの方々の心温まる、ご協力をいただきました。

特に、出版元であります、報知新聞社出版部の今村成一氏をはじめ、松野一夫カメラマン、ほか編集関係者には常に職責以上の多大な協力を頂きました。

さらに、多くの野球仲間、先輩、同輩ならびに長野県立阿智高校の田中正俊先生、後輩。そして、出版の決意を固めて以来、全面的にこの仕事の手助けをして頂きました、岩垂弘子さんに心より感謝する次第です。

平成13年4月

今任（旧姓・友永）靖之
有限会社イマトー・ベースボール・エージェンシー代表
有限会社イマトー代表
ティージーケーティング株式会社代表取締役会長

◆**今任靖之**（いまとう　やすゆき）　1945年7月21日、満州国新京特別市生まれ、62歳。左腕投手として62年夏、佐賀商2年で甲子園出場。明大では高田繁さん（ヤクルト監督）と同期。社会人・鷺宮製作所に入り、都市対抗2度出場。81年、福岡・武蔵台高の監督就任。85年、福岡第一高監督。88年には同校を春夏連続甲子園に進め、夏は準優勝。この時のエース・前田幸長（ロッテ－中日－巨人）、古里泰隆（元阪神）らを育てた。また指導を通じて宮出隆自（ヤクルト）、岩村明憲（デビルレイズ）らとも親交が深い。また高校球界では旭川工（北海道）、浦和学院（埼玉）、愛工大名電（愛知）、松商学園（長野）、広陵（広島）、明徳義塾（高知）、日南学園（宮崎）、浦添商（沖縄）ほか数多くのチームから臨時コーチを要請されるなど投手育成に高い評価を得ている。

本書の著者・今任靖之は、米大リーグ「シアトル・マリナーズ」の教育リーグで、同球団の投手を中心に独自の理論を展開して指導と育成、調整に協力した。
　マリナーズのコーチはじめ、各分野の指導陣は、選手らと著者との質疑応答を実際に現場で見聞し、その理論に大きな興味を示した。本書は、この際の事実を著述すること、撮影した写真を掲載することについて同球団から点数、肖像権など全面的な許可を得た。
　マリナーズ球団での実技・ミーティングの記事・写真の掲載は、あくまで著者が展開する理論の独自性・正当性を強調したいとする編集上の方針であり、販売を目的とした興味本位の使用ではないことを改めて明記する。

投手革命
新世紀の投手を育てる
PITCHING METHOD

平成13年5月24日	初版発行
平成20年4月25日	第8刷
著者	今任靖之
発行人	青羽孝雄
印刷所	凸版印刷株式会社
発行所	報知新聞社

〒108-8485　東京都港区港南4-6-49
☎03(5479)1285（出版販売部）
☎03(5479)1281（出　版　部）
振替00160-5-195845

デザイン	栄井　直.福岡　豪
イラスト	林　　　久
撮影	松野　一夫
編集協力	岩垂　弘子

IBA（イマトー・ベースボール・エージェンシー）

取材協力	高岡　英夫
	立教大学野球部
編集統括	今村　成一